阳光心灵
亲子共读手册

高一·上

心海涤　编著

山东教育出版社
·济南·

图书在版编目（CIP）数据

阳光心灵：亲子共读手册. 高一 上 / 心海涤编著.
济南：山东教育出版社，2024．9（2025．8重印）.
ISBN 978-7-5701-3330-7

Ⅰ．G444

中国国家版本馆 CIP 数据核字第 2024L9Y252 号

本书由中国青少年养成教育指导师、平行教育发起人周海
带领"心海涤心理编写组"在案例与研究基础上编写

YANGGUANG XINLING——QINZI GONGDU SHOUCE　　GAOYI　SHANG

阳光心灵——亲子共读手册　　高一·上
心海涤　编著

主管单位：山东出版传媒股份有限公司
出版发行：山东教育出版社
　　　　　地址：济南市市中区二环南路 2066 号 4 区 1 号　　邮编：250003
　　　　　电话：（0531）82092660　　网址：www.sjs.com.cn
印　　刷：济南申汇印务有限责任公司
版　　次：2024 年 9 月第 1 版
印　　次：2025 年 8 月第 2 次印刷
开　　本：787 毫米 ×1092 毫米　1/16
印　　张：5
字　　数：58 千
定　　价：16.00 元

（如印装质量有问题，请与印刷厂联系调换）印厂电话：0531-87966822

目录

高中我来啦！

1

高中生活开始了！告别了初中，代表我们登上了一个新的人生阶梯，即将面对新的环境、课程、老师和同学。我们会有什么样的心理感受呢？有没有对自己适应不了新环境的担心呢？

自我测试

先来测测自己的社会适应能力吧！在括号里填上符合自身实际的选项。

A. 是	B. 无法肯定	C. 不是

（　　）1. 对自己的某次失败我绝对不会提及，就怕被别人抓住弱点。

（　　）2. 每到一个新的地方，我很容易同别人接近。

（　　）3. 在陌生人面前，我常无话可说，感到尴尬。

（　　）4. 当我选衣服时，我想跟随潮流，同时希望适合自己。

（　　）5. 每到一个新地方，我第一天总是睡不好；即便在家里，换一张床，我有时也会失眠。

（　　）6. 我积极参加社会实践，以积累工作经验。

（　　）7. 越是人多的地方，我越感到紧张。

（　　）8. 在正式比赛或考试时，我的成绩多半不会比平时练习差。

（　　）9. 必须在大庭广众之中说话，我会因怯场变得不知所措，说话语无伦次。

（　　）10. 当我骑自行车到一个比较远的地方去参加社交活动，中途找不到路标时，我会耐心等待过路车或等人走过时问个清楚。

（　）11. 我从来不愿为了在别人面前留下好印象而特地去做某事，就算是有机会也不做。

（　）12. 和同学、家人相处，我乐于采纳别人的看法，很少固执己见。

（　）13. 同别人争论时，我常常感到语塞，事后才想起该怎样反驳对方，可惜已经太迟了。

（　）14. 我对生活条件要求不高，即使生活条件很艰苦，我也能过得很愉快。

（　）15. 在受到别人批评时，我会想找到机会去批评他/她。

（　）16. 在决定胜负成败的关键时刻，我虽然很紧张，但总能很快地使自己镇定下来。

（　）17. 我不喜欢的东西，不管怎么学也学不会。

（　）18. 在嘈杂混乱的环境里，我仍然能集中精力学习，并且效率较高。

（　）19. 我不喜欢陌生人来家里做客，每逢这种情况，我就有意回避。

（　）20. 我很喜欢参加社交活动，我感到这是交朋友的好机会。

计分情况

单号题：A. -2分；B. 0分；C. 2分

双号题：A. 2分；B. 0分；C. -2分

我的得分：_____

得分解读

35~40 分　社会适应能力很强，能很快地适应新的学习、生活环境，与人交往轻松、大方，给人的印象极好，无论进入什么样的环境，都能应付自如。

29~34 分　能够较好地适应环境的变化，态度积极，乐于与外界交往，有较强的调适能力。

17~28 分　社会适应能力一般，当进入一个新环境，经过一段时间的努力，基本上能适应。

6~16 分　社会适应能力较差，依赖于较好的学习、生活环境，一旦遇到困难则易怨天尤人，甚至消沉。你需要在今后的学习、生活、工作中，有意识地培养自己在这方面的能力，以提高心理承受力和适应能力。

5 分及以下　社会适应能力很差，在各种新环境中，即使经过一段相当长时间的努力，也不一定能够适应，常常因与周围事物格格不入而苦恼。在与他人的交往中，总是显得拘谨、羞怯、手足无措。

　　如果你在这个测试中得分较高，说明适应能力较强；**如果得分较低，也不必忧心忡忡，因为一个人的社会适应能力会随着年龄的增长、知识及经验的丰富而不断增强。**只要你充满信心，刻苦学习，虚心求教，加强锻炼，你一定会逐渐适应社会。祝你成功！

一名高一新生的独白

我叫小尚，是一名刚刚步入高一的学生，对未来三年的高中生活充满了好奇和憧憬，对很多新鲜的事物产生了极大的兴趣。无论是新的老师和同学，还是新的高中知识，又或是新的学习环境，都让我既兴奋又期待，同时为自己进入新阶段、离梦想又进了一步而感到骄傲。

随着新学期开始，我多了很多苦恼：我怀念初中生活，离开了陪伴自己三年的老师、同学、校园环境，来到了一个陌生的地方，不知不觉中与过去的经历对比，难免会有一些落差。面对陌生的班级和同学，我不知道新同学是否好相处，不知道学习能否跟上，老师的上课风格自己又能不能适应。每当在人际交往或者学习上受挫的时候，那些初中的美好回忆就会涌上我的心头。

原本成绩优异的我在上课时也感到了很多压力。初中的自己总是回答问题最积极的那个，但是现在周围很多同学上课时都比我积极得多。写作业时，很多自己不会的题其他同学很快就能做出来，这让我感到焦虑和不安，对待学习也没信心了。上课时我也没那么积极了，也不再爱看书和写作业。

开学已经有一段时间了，周围的同学都已经很好地融入班级了，唯独我一个人孤零零地上学、放学，课间活动也是自己一个人。看到别人都交到了新朋友，我感到非常孤独，也产生了一些厌学情绪，总幻想时光倒流，好让自己逃离这个让人讨厌的环境，回到温馨和谐的初中生活。渐渐地，我开始出现生理问题：从失眠开始，到上课无法集中注意力听讲，再发展到现在的头疼。只要一到学校，我的头就疼。一开始妈妈以为请假休息半天就能好，没想到我头疼的频率越来越高。这严重影响到了我的新学期生活。我也很苦恼，不知道该怎么办，也不清楚自己究竟是生了什么病。

心的解析

其实，很多青少年开学时都会经历适应不良的问题。虽然青少年的身体和智力都得到了一定的发展，但是人格还没有定型，青少年又处在身心发展的不稳定时期，所以**面对变化的环境就容易产生适应不良的情况**。

这只是一种暂时的状态，但是如果不调整好这一状态，会对青少年的情绪、行为、生理状态等造成一定的影响，严重的话甚至使人失去支持正常社交、学习的社会功能。

小尚的种种问题和一些状态，基本符合学校适应不良的表现。小尚表现出多种情绪症状，如：紧张不安的焦虑状态、信心丧失的抑制状态；失眠、与同学交流少等状况；学习时无法积极思考、听课听不进去、作业做不下去等能力抑制障碍。不难看出，进入高中后小尚的学业压力和人际关系的改变是产生症状的主要刺激源。

心海指南

要怎么帮助小尚呢？

首先要让小尚知道，**环境的变化、自己地位的改变是正常的**，适应不良主要是自身原因造成的，应该对新境遇有客观的认识，做好心理准备。

引导小尚看到自己的优势以及曾经的成功经验。认识到**每个人都是独特的，都有自己的优势特长，也会有缺点短板。自己要接纳自己**，思考如何重新出发，重建自信。

怎样让我们了解自己并知道如何改变呢？让我们来做一个小游戏吧！

准备一张纸、一支笔。仔细看一看下面的图片：

在纸上写出下面几个问题的答案：

1. 你觉得目前自己的状况，最像图中的哪个人？为什么？

2. 你最欣赏他/她什么？

3. 你最担心他/她什么？

4. 如果可以的话，你希望他/她有哪些改变？

5. 你认为他/她改变的最大障碍是什么？

6. 他/她要做些什么，这些改变才会发生？

在刚才写下的文字中，选择一些你愿意和大家分享的内容。将你六个问题的答案中的"他/她"换成"我"，念出自己写下的话语。

如果你已经做完了上述小游戏，那么最后的结果就是你对自己的了解和认识。祝愿大家都能平稳度过高中的初始阶段，希望你能有所收获！

（郭　斌　编写）

如此孤独2

《小小少年》歌里唱道："随着年岁由小变大，他的烦恼增加了。"高中生的人际关系十分重要。人际关系的好坏往往影响青少年的学习、生活、身体状态等各个方面。人际关系出了问题，不仅会让一个人感到孤独，还会影响日常的交流和心情、学习动力、生命活力，因此，提升高中生的人际交往能力对于高中生的身心健康非常重要。

自我测试

你的人际关系怎么样?

把脑海中想到的人（5~7人）用数轴中的标准打分，把总分相加，得分较高（超过满分的60%），说明人际关系良好。

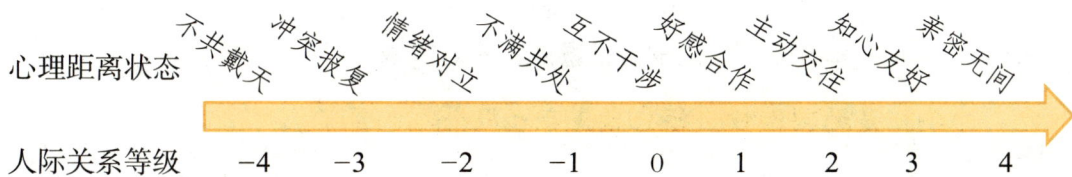

心理距离状态	不共戴天	冲突报复	情绪对立	不满共处	互不干涉	好感合作	主动交往	知心友好	亲密无间
人际关系等级	-4	-3	-2	-1	0	1	2	3	4

我的得分：_____

咨询室的小小

一天，16岁的小小（化名）来做心理咨询，她现在厌学，经常请假不上课，还有比较严重的"社恐"。当然，她心里的烦忧还有许多，每周末的心理咨询是她整理思绪和情绪的时段。

这次她提到和男同学大吵一架的事。因她平日里在学校性情也算温和，很少与人发生冲突，所以这件事成了本周的"大事"。

下面是她和咨询师的对话片段——

小小：我想说说昨天发生的一件事，特别令人气愤，我气得发抖。

咨询师：昨天？是在学校吗？你说说看。

小小：您知道梅西的中国行事件吗？我们班男生爱看足球的都在议论这件事。我也是球迷，他们说的观点我不同意，就插了几句话，他们说我："你一边去！你以为你真懂球？这件事没那么简单。"说着说着，还骂人……

咨询师：我虽然不是球迷，但这件事我也略有所知。你们争吵的点，是对这件事的看法不同，还是吵得很激烈？有人身攻击吗？你呢，也骂人了吗？

小小：是的，大吵一顿，我声音也很大，也骂了。

咨询师：然后呢？大吵一顿是很气愤，后来你回家心情有没有恢复一些？

小小：本来吵完也就吵完了，回家说起这事，我妈说，你在学习上有这么在意就好了，有这股劲儿该多好！阴阳怪气的，我就气哭了。

咨询师：平时很少和同学交流，遇到事吵一架你觉得还能承受，回家妈妈不理解你的爱好，也没认真听你的经历和观点，你觉得孤独委屈？

小小：是的，我们就事论事，有不同观点也算正常。我妈不懂球、不看新闻就罢了，听一半就教训我。她只关心我有没有学习！每天就只能学习、学习，就不能有爱好和别的话题了吗？

心的解析

小小的妈妈是大学老师，对女儿的学习有很高的要求和期待。家里夫妻关系紧张，大部分时间冷漠无话，一说话可能就杠起来。

在这样的家庭气氛下，孩子的性格会变得越来越孤僻、内向、压抑，因为**家庭气氛就是孩子人际关系最早的基础和示范**。

夫妻俩在孩子小时候陪伴、玩耍偏少，各自变成了"工作狂"。在家里，话题只有孩子的学习，家庭气氛单调，关系僵硬。

小小的社恐和她从小的成长环境有极大的关系，父母陪伴少，父母关系紧张，交流沟通差，亲子关系不和谐，父母的限制太多，只关注成绩而忽略孩子的情感体验和需求，不支持孩子的正当爱好……

> 我们关心孩子的学习没有错，但学习成绩不是成功的全部，也不能代表快乐和幸福。

就这件事而言，孩子已经爱好足球好几年，对和足球有关的新闻事件，父母正确的态度是"允许""倾听"。这也是孩子缓解压力和练习表达的机会，即便妈妈不懂球，**认真听孩子说话，本身就会让孩子感到"治愈""减压"**。孩子有爱好特长，可以增加和同学交流的话题，不同观点可以充分交流，即使争吵也不用焦虑害怕，这也是锻炼包容和理解能力的时刻。以后在校园里、职场上总会有争论和矛盾，直面矛盾、调整心态也是社交能力的一方面。通过这件事，小小学会了倾听不同看法，提高了包容度；父母也应由此事反思对孩子的尊重和理解程度，意识到孩子情感需求的重要性，在进一步的交流和安抚中提升亲子关系的质量。

心海指南

高中生人际交往小贴士

1. **钝感力。** 别人的评价和看法不重要，保持做自己。有的话听了可以一笑置之，不玻璃心、不琢磨，会少很多烦恼。

2. **远离八卦消息。** 如果和爱八卦的同学倾吐心声，很快你的事就人人皆知。要学习自己消化并管理一部分情绪。和同学聊天可以聊简单的时事新闻和家常，不评论、议论他人，不打听他人隐私。

3. **不做讨好型人格的人。** 老好人会成为工具人，被人利用，而且会迷失自己。学会说"不"，态度礼貌、温和而坚定。

4. **倾听和尊重。** 会听比会说更重要，认真耐心的倾听对于良好的人际关系非常重要。要尊重他人有自己的喜好、观点和角度，**去自我中心化，尝试换位思考。如果做不到，应允许对方有自己的思考。**

5. **做真诚、真实的自己。** 在所有受人欢迎的特点中，真诚、真实都是名列前茅的。**想要建立真诚友谊的关键，不是讨好他人，而是展示真实的自己。** 不掩饰自己的特点，勇于礼貌而友善地表达自己的感受和观点，这样就能和与你有类似特点的人建立深入的联系。

6. **积极的沟通方式。** 积极的沟通是建立良好人际关系的基础。要用积极友善、乐观包容的方式去表达，避免攻击性、消极的语言。多观察人际关系良好的、受欢迎的同学的表达方式。

（空白处可自行补充）

友善包容的表达	消极、攻击性的表达
这次你这样做，让我很难过。	你总是这样！
他为什么要这么做呢？	他有病吧！

7. 发展爱好、特长。 健康的爱好特长不仅仅能丰富业余生活，拓展减压途径，还可以在拥有共同兴趣的人群中促进交流，获得支持和帮助，为我们的生命找到更多的支点和意义。

良好的人际关系不仅会让一个人心理健康、心情舒畅，也会提升自己适应学校环境和社会环境的能力。通过学习和提升自己的表达和沟通技巧、学会尊重和倾听、调整心态等，就可以逐步拥有良好的人际关系。

让我们现在就开始倾听和表达吧！

亲子共读心理小课堂

在人际交往中，建立真诚的友谊是很重要的。而建立真诚友谊的关键，不是讨好他人，而是展示真实的自己。有的人面对他人会牺牲自己的权利，有的人会只顾自己，忽视他人的权利，而展示真实的自己需要清楚、直接地表达自己想要什么，同时也需要考虑他人的权利，也就是说，要同时考虑自己和他人的权利。[1]

（吴谦　编写）

[1] 参见〔美〕韦恩·韦登、达纳·邓恩、伊丽莎白·约斯特·哈默著，杨金花、于海涛、黄雪娜等译. 实用青年心理学——从自我探索到心理调适. 北京：商务印书馆，2024：309.

3 做时间的朋友

进入高中阶段后，日益繁重的课业、应接不暇的考试……同学们开始披星戴月地往返于家里和学校。你是否时常问自己：时间都去哪儿了？为什么时间永远都不够用？为什么睡眠越来越差？竞争越来越激烈，一天的时间被学业填得满满的，带着对未来的憧憬和目标，心理压力也越来越大，该用怎样的心态和怎样的方法，可以让高中生活有从容的一面？

自我测试

你的时间管理能力如何？

1. 你的学习总是会比预计的或安排的时间长吗？

A. 是的，经常长于安排的时间。（1分）

B. 我常常在期限前完成学习。（3分）

C. 我做事一向准时。（5分）

2. 你会在寻找钥匙、笔、书本、练习册等物品上花费很多时间吗？

A. 是的，常常用很长的时间也找不到。（1分）

B. 还好，一般都能很快找到。（3分）

C. 我放东西都很有条理，不用太费劲去找。（5分）

3. 你有足够时间来进行课外活动吗？

A. 没有，我感觉整天被不得不做的事驱赶着。（1分）

B. 有，但一般时间不够。（3分）

C. 有，我会安排一定比例的时间来平衡学习和娱乐。（5分）

4. 你在约好的地方等一位同学，但过了二十分钟仍未等到，这时你会如何？

A. 一直等到那个人出现。（1分）

B. 不再等下去，直接离开。（3分）

C. 试着联系同学，看是否还需要继续等。（5分）

5. 当遇到很多问题时，你会如何解决？

A. 我会焦虑，随便抓住其中一些就开始去做。（1分）

B. 我会列一张清单，按照优先顺序一一解决。（3分）

C. 我会选择一些能完成的去解决，放弃不重要的。（5分）

6. 假如在车站要等待较长时间，你会利用这段时间干什么？

A. 无所事事，或者发呆。（1分）

B. 找些事做，如买本书或杂志看。（3分）

C. 我有专为零星时间准备的工具，如用应用软件听英语。（5分）

7. 你会把收到的指示和信息记录在什么地方？

A. 用脑子记。（1分）

B. 在随手的纸条上。（3分）

C. 在我专门的笔记本上。（5分）

8. 你的闹钟有"延迟再响"的功能吗？你如何使用它？

A. 闹钟设定为正点，但我会按掉好几次，经常睡过头。（1分）

B. 闹钟比应该起床的时间早一点，往往会等闹钟第二、三遍响时才起，但不会睡
　　过头。（3分）

C. 闹钟第一次响时我就能起床。（5分）

我的得分：＿＿＿＿＿＿

35分以上　　你是时间管理小达人。

25～35分　　你的时间管理能力较好，但还可以更好。

16～24分　　你的时间管理能力一般，遇到突发事件时往往感到无法掌控。

16分以下　　你的时间管理能力……呃，不大好，你常常随心所欲，因此
　　　　　　经常陷于混乱。

当然，这个小测试仅供参考，人的性格不同，评测标准也并不统一。不过，作为高中生的你，一定要对自己的时间管理能力有个基本估测。从时间的角度认识你自己，才是本章的要点。

心灵剧场

晶晶的烦恼

晶晶是一名高一女生，有着修长的眉毛和亮亮的眼睛。她性格要强活泼，学习成绩不错，爱好广泛。她喜欢游泳、听音乐、看动漫、画画。从小学起她就一直担任班长、课代表等，但上了高中，她找老师辞掉了课代表职务，因为她觉得自己实在忙不过来了，甚至有时候焦虑得胸口隐隐作痛。

她主动找妈妈联系了一家心理咨询机构，下面这段话是晶晶第一次和咨询师见面时的自我描述——

我最近睡眠不好，晚上特别困，可是睡不着。

即使这样，我也从不敢耽误上课，有时候一上课就犯困，恍惚中听不懂老师讲的内容。我不想落下功课，于是更加努力。

但是我发现，越是努力，自己不会的东西越多。每天学到头昏目眩，

啥也记不住。有时候刚背会了的内容，转眼就忘了……拼命努力，还是在退步，照我这个退步速度，将来肯定是考不上大学了（眼里蓄满泪水）。

我已经很努力很努力了，我甚至都不和我的朋友出去玩了，也不听音乐了，所有的时间都放在学习上。

语文我比较擅长，数学是弱项，有时语文课上我就看数学题，因为语文落下了，我可以自学补上，所以我想在数学上多下点功夫，可我发现现在连我擅长的语文都在退步。我中午不吃饭了，把时间再挤一挤，可是退步的速度却越来越快了……

心的解析

异常激烈的竞争使得很多高中学子拼命将时间填满，分秒必争。然而，即便夜以继日，一天也不过24小时。**学习拼的从来不是时间，而是效率和效果。**

晶晶现在的勤奋，是在焦虑状态下的"假勤奋"，因此效率越来越低。比如，特别重要的课堂45分钟，需要跟着老师的思路和节奏走。她觉得语文是自己的长项，轻视了课堂，以为课外自己补一补能学会，结果课外又花费了大量时间精力，拆东墙，补西墙，形成了恶性循环，还损害了心态。

> 千万不要忽视课堂，课堂上学到的是学习的基础。

晶晶恨不能把睡觉、吃饭的时间压缩到极致，但是，效率还是上不去。她恍然意识到：没有效率，最后什么也抓不住，只会积累更多的焦虑。

另外，晶晶在焦虑状态下一直绷着劲儿学习，舍弃了休息的时间，也不和同学朋友来往了。这种**单一节奏进一步加剧了焦虑和疲惫状态，也进**

一步降低了效率。

人的大脑就像一台机器，持续不断地超负荷运转，机器就会出现问题。

会休息的人，才会工作。同理，**会玩耍的孩子才真正会学习，因为劳逸结合是大脑运行的规律，**不尊重身心规律，自然没有效率。

心海指南

1. 尝试番茄工作法，拒绝熬夜。

番茄工作法是意大利人弗朗西斯科·西里洛（Francesco Cirillo）发明的，之所以取这个名字，是因为西里洛一开始用了一个形状像番茄的厨房计时器来跟踪自己的学习与工作进度。番茄工作法把25分钟作为一个时间单位，称为一个番茄钟，在此期间只许学习或工作，一定要避免干扰，不做其他任何事情。在每个番茄钟结束时，进行5分钟的短休息；每四个番茄钟结束后进行30分钟的长休息。劳逸结合，才不会疲惫。

2. 只做最重要的事情。

确立目标，然后明智地分配时间。哪个目标对你最重要？可以按优先顺序排序。有所选择和舍弃，确保自己一直都在做最重要的事情，就是确保自己的时间一直都在被高效利用。

> 时间管理的关键：把时间分配给最重要的任务。

3. 做自己力所能及的事，不追求完美。

利用优先顺序表安排活动。**尽量保证每天给自己规定的任务都能完成，**目标小一点，这样会有成就感和继续制订和执行计划的信心和动力。

4. 探索自己的"黄金时段"，在"黄金时段"做重要任务。

5. 学会执行。

行动是治愈恐惧和焦虑的良药。学起来，思考起来，行动起来！

亲子共读心理小课堂

1. 在家中养成习惯："一次只做一件事"。

做事效率不高的人最常出现的一个状况，就是把好几件事搅和到一起做，但每件事都完成得很勉强、没有品质。如果孩子也习惯于这样，他的专注力会大受影响，很难认认真真把一件事从头到尾做完。

2. 不催促，不唠叨（留给孩子自主自律空间），重构我们的语言。

父母总忍不住苦口婆心地催促孩子："快点儿，快点儿，你还没复习呢。"这常常让孩子烦躁并逆反，起了反作用。有时，孩子的拖拉是一种隐形的对抗，说明我们的亲子关系和教育方式已经出了问题。孩子已经知道的事和道理，那就不说或者少说，以免引起"超限效应"（孩子烦躁）。

3. 给孩子做好时间管理的示范。

如果父母做事总是拖延，到最后一刻手忙脚乱，孩子也很难不受影响。如果爸爸妈妈一想起要做的事就一脸烦恼："唉，真麻烦，还有一大堆事没做呢！"孩子对自己学业任务的态度也很可能是厌烦。父母对待生活、工作积极、从容，才是正面示范。

4. 和谐、欢快的家庭气氛。

有的家庭周末、节假日没有任何好玩的活动，都用来加班、补课。这看似珍惜时间，实则易造成家庭成员心理压抑，做什么都没效率。多出门转转，大自然是最好的老师和治疗师，能给我们灵感和启发。哪怕只是在应季时节去小区花园看看鲜花呢？家庭氛围和家长的状态是孩子成长的必要环境和心灵营养，也是时间管理的心态基础。

（吴 谦 编写）

4 你真的喜欢学习吗？

当你做一件自己不喜欢却又必须要做的事情时，你的内心是怎么想的呢？

当你学习一个晦涩难懂的知识点时，有了想要逃避的想法，你能否正视自己的想法，帮助自己找到学习的内驱力呢？

当你做一件事有动力时，这件事成功的概率就增加了，因此，当我们想要做成一件不算很简单的事情时，应该怎样做呢？

鸡蛋，从外打破是食物，从内打破是生命。

每一个生命都需要找到从内而外的生存动机和需求。

马斯洛需求层次理论

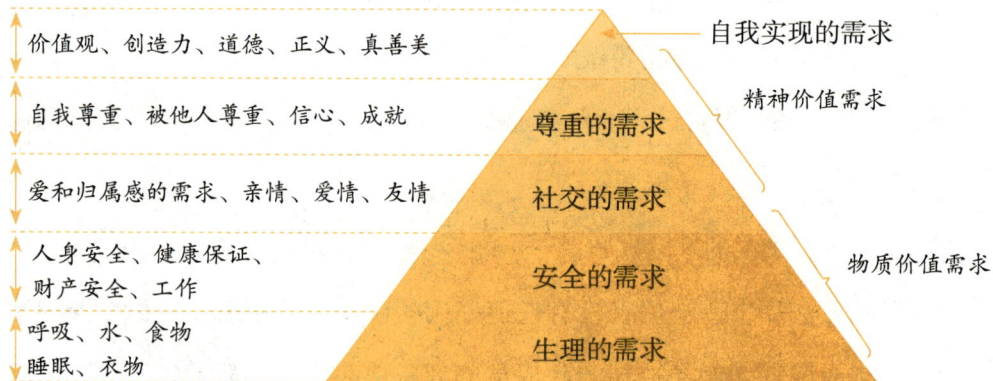

价值观、创造力、道德、正义、真善美 —— 自我实现的需求

自我尊重、被他人尊重、信心、成就 —— 尊重的需求

精神价值需求

爱和归属感的需求、亲情、爱情、友情 —— 社交的需求

人身安全、健康保证、财产安全、工作 —— 安全的需求

呼吸、水、食物、睡眠、衣物 —— 生理的需求

物质价值需求

不同的需求层次带给我们的人生内驱力不同，就让我们带着对马斯洛需求层次理论的思考，开启我们对自我学习内驱力的探索。

自我测试

观察一下你的家庭亲子互动模式是怎样的，找出你的内驱力强度：

1. 假期中你一天的作息和日程由谁来定？

A. 我自己定　　　　　　B. 父母定　　　　　　C. 父母与我一起定

2. 你觉得日子过得

A. 有趣，玩中学，学中玩

B. 无聊，因为都是作业、补习和功课

C. 有意义，我可以安排自己想做的事

3. 你听父母的话吗？

A. 听，父母说什么我做什么

B. 不听，当耳旁风

C. 经常讨论，一起做决定

得分说明：

选A得5分，选B得2分，选C得8分。如果总分达到21分以上，说明你家有一个融洽的亲子关系，你做事的内驱力和积极性正处于上升阶段。

认识三大内驱力

大部分人错误地认为，只要让自己有了目标就代表有了动力。事实上，目标只是一个外在的动力，要坚持这个目标并实现，还需要有一个内在的理由，也就是动机。同时，在追逐目

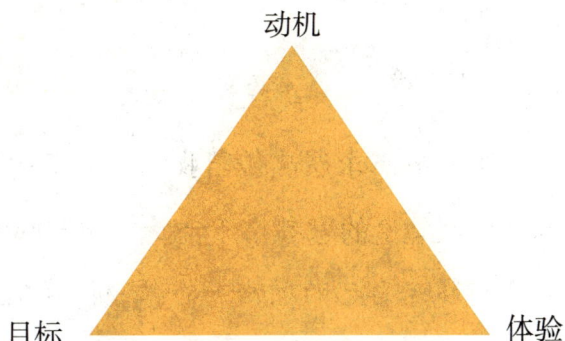

动机

目标　　　　　　体验

标的过程中，自我的体验感很重要，体验感是轻松愉悦的，还是沉重痛苦的，会影响我们的恒心。

一个真正有内驱力的人，需要动机、目标、体验这三个动力因素相互作用和影响。

心灵剧场

一个心理咨询师的自白

我大学的专业不是心理学。一次偶然的机会，我接触到了青少年心理指导工作，并从此喜欢上了它。在这条路上，我已坚持了近十五年。有时候我也经常想：我是怎么坚持下来的？

目标

我记得很清楚，刚做家庭教育和心理咨询这个行业时，我给自己立下的目标是成为全中国最年轻、最优秀的家庭教育专家和心理咨询师。现在说起来大言不惭，但当时确实勇者无畏。这个目标就这样坚持了近十五年，即便现在离得还很遥远，但丝毫不影响我的努力。这个目标能不能实现，已经不那么重要，我似乎得到了比名和利更重要的东西，那就是做这个行业的价值感。

动机

我从何时起真正找到了做这个行业的属于自己的动机？

记得做这个行业的第五年，我去一个集团学校讲家庭教育。那是我第一次为这么多人做报告——全校近8000人通过现场和转播听讲座。讲完以后我留下了自己的电话和微信。讲座反响很好，课程结束我打开微信，看到了2000多个好友申请。每天通过好友申请时，我会看到许多家长的留言和感谢。

有人说：周老师，第一次听全程走着互动的讲座，太高能了，不沉闷又很有趣，太谢谢你了，收获很大。

还有人说：周老师，你做的这个行业是阳光事业，一定要坚持做下去。

类似这样的正向反馈直击我的心灵。我突然感受到了前所未有的价值感，觉得自己所有的辛苦和付出都很值得。

在这一次坚持自己行业目标的过程中，来自自己的服务对象的正向肯定给了我高自我价值感的美好体验。从那以后，我深深记住了这句话：这个行业是阳光事业，一定要坚持做下去。从那一刻，自己做这个行业的真正动机就有了更立体的呈现。

体验

除了感受到来自家长的鼓励，我还得到了许多来自孩子的更美好、更令人觉得有价值的体验。

有一次，我参加一场小学的亲子沙龙，在电梯口遇到了一个爸爸带着一个男孩。那个男孩大老远就喊我：周老师！我问他为什么认识我，孩子说，因为妈妈给他看过我讲课的照片，然后告诉我妈妈特别喜欢我的课。今天他特意带了几个姥姥蒸的大包子给我。我蹲下去问他为什么舍得把自己爱吃的包子送给我，孩子睁着那大大的眼睛，轻轻附在我耳边说：我特别感谢您，因为我妈妈自从听完您的课，改变了好多，再也不揍我了；我今天特意把爸爸带来了，您能不能也让他别揍我了……

这一刻，孩子那天真无邪的表情和纯净而充满渴望的眼神，让我的心灵受到了震撼，继而也受到了鼓舞：原来我这份工作，真的能帮助到这些孩子们！这也是我第一次从孩子口中得到了对这份工作价值的具象认识。

我突然发现，年少时的那个目标——成为最年轻、最有名的专家——已经不再重要，我已经找到了自己坚持这份事业的真正价值，也就是马斯洛需求层次理论的最高层次——自我实现的需求。

心的解析

以上案例是我在事业目标追求中的真实经历，也体现了目标、动机及体验相互作用的真实过程。现在我们明白了：要想拥有学习内驱力，首先需要给自己定下一个目标；然后去经历、去爱、去付出、去生活，慢慢通过经历得到一种美好体验；最后找到真正去实现目标的内在动机，也就是自己真正去做这件事情的理由，此时目标的坚持就变得轻松和有价值了起来。

所有内驱力的产生，都是基于做这件事能得到的价值感而来。**内驱力来自我们的体验，而体验是环境的产物，除了学校、家庭、社会带给我们不同的体验，还有一大部分是由自己的认知和信念所产生的。**作为一个高中生，我们不再是那个永远被别人主导感受的人，我们有自己的认知和判断。**如果你当下的学习内驱力不足，不应该更多地从外部环境找原因，真正的原因其实出在自己身上。**我们没有找到想要学习的真正理由，或者这么说：我们没有用正向的价值观给自己创造出学习的美好体验。我们还活在小学和初中被父母安排和掌控的对立情绪中，没有意识到自己才是学习的主人。

找到自己学习的内驱力

你的梦想是什么？

● 你将来想要成为什么样的人？

● 当你成为你想要成为的样子时，你会做什么？

● 会有谁见证你的成功？（或者你想要谁来见证你的成功？）

● 你这个梦想真的非常伟大（当梦想被确立，作以下思考），为了这个梦想，你上哪个大学才能实现呢？

● 你将怎样制订实现梦想的计划呢？（具体到自己的科目分数线和每一科的学习计划）

亲子共读心理小课堂

你如何思考？如何感受？如何行动？你有没有重要的长期目标？

请写下来：

孩子：＿＿＿＿＿＿＿＿＿＿＿＿＿＿＿＿＿＿＿＿＿

家长：＿＿＿＿＿＿＿＿＿＿＿＿＿＿＿＿＿＿＿＿＿

你相信自己有能力实现这个目标吗？

孩子：＿＿＿＿＿＿＿＿＿＿＿＿＿＿＿＿＿＿＿＿＿

家长：＿＿＿＿＿＿＿＿＿＿＿＿＿＿＿＿＿＿＿＿＿

请相信，你可以做到！

（周海　编写）

5 我的情绪我做主

有的人能力一般，却能冷静处理事情，因而取得了成功；有的人虽然智力发达，但情绪不稳定，因而改变了事情的发展方向。情绪的重要意义越来越被人关注。每一个同学都对情绪这个话题有着自己的看法。

没有真正有问题的人，只有"卡"在关系和爱里的人；而所有基于关系和爱的卡点，基本上都是情绪的卡点。要么我们有未完结的期待，要么我们有愤怒和哀伤未表达出来，要么就是有很多被误会的爱。我们需要重新认识爱，去发现那些被误会的爱。

了解情绪的来源和功能，并科学地对待情绪，是我们管理情绪的关键！

自我测试

你的情绪稳定吗？

请分析下列各题，并做出判断。表示肯定的记1分；表示否定的记0分。

1. 即使发生了不快，也能毫不在乎地去思考别的事情。

2. 不记小隙，经常保持坦诚的态度。

3. 做任何事都设立具体可能实现的目标。

4. 遇到担心的事情，喜欢写在纸上进行分析。

5. 失败时也注意仔细思考，反省原因，不会愁眉不展。

6. 具有休闲自娱的爱好。

7. 发生问题时，常常倾听众人的意见。

8. 学习能有计划进行，遇挫折不气馁。

9. 无路可走时，往往改变生活的形式、节奏。

10. 在学习上，尽管别人优于自己，仍然我行我素。

11. 常常满足于微小的进步。

12. 乐于一点一点地积累有益的东西。

13. 很少感情用事。

14. 尽管很想做某件事，但不可能完成那件事时也会打消念头。

15. 往往能理智周密地思考和判断问题，不拘泥于细枝末节。

我的得分：＿＿＿＿＿＿

得分解读

0~3分	情绪很不稳定，有可能有些神经质，患得患失。
4~6分	情绪不太稳定，常常拘泥于一些小事，总是忙忙碌碌，耗费心机。
7~9分	情绪时好时坏，对一些重大事情，自己不能作出决策。
10~12分	情绪比较稳定，擅长处理问题，不拘小节，胆大心细。
13~15分	情绪非常稳定，能沉着大胆地处理任何一件事，而且从不畏惧困难。

心灵剧场

一名高一学生的自述

　　我是一名高一的学生，我感觉最近压力有些大，尤其是现在，临近期中考试，我不想去学校，不想面对考试，也不敢告诉我的父母。我感觉自己心理上出现了问题，但是我很清楚父母可能不信，因为我确实因为不想去学校装过病。

我初中学习就不怎么样，到了高一成绩一落千丈，物理甚至十几分。我不知道是心理问题还是单纯的压力导致我的情绪不对。我很难受，今天早上没吃早饭却还是吐了。

昨天晚上我就很焦虑，心跳加快，凌晨三点还没睡着，后来我听了个助眠的音频，也可能是心理作用，睡着了。早上六点，我就在想，我今天要不要去学校？因为我真的不想去。但是不去的话，三番五次请假就会带来不好的影响。我经常请假，高一才开学我就已经这样了，我在想，高三怎么办？刚才去网上做了一些相关的抑郁症测试，都说我是抑郁症。我本人不愿意相信，因为——自己可能是装出来的？

明天就期中考试了，这一个月我感觉自己没学到什么。即使我在课堂上，也会胡思乱想。我没有目标，也不知道自己该去哪个大学，以后干什么样的职业。单说成绩我也哪门都不沾边，因为我文科也不好，理科也不行。

现在，家里没有人，我觉得一个人安安静静的就挺好。我心理承受能力太差了，令父母很失望。老师看好我，但是那又怎么样呢？我的成绩还是很差，心理上也出现了问题。我控制不住自己的情绪了。也有可能，我今天说这些是为了记录这一次情绪不好，也可能，是抑郁症的开始……

心的解析

弗洛伊德讲过，未被表达的情绪永远不会消失，它们只是被掩埋了，有朝一日还是会爆发。

这位学生看似是因为到了高一学习成绩不理想，面临期中考试而出现焦虑和恐惧考试的情绪，实则是在初中，甚至更早的小学，自我不能接纳自己的成绩，也不敢主动和父母去争取理解。他为了满足父母和老师的期望，不敢面对真实的自己，不想去学校也要用生病作为伪装。他让自己置身于"只有学习成绩才能衡量自己的价值"的处境，有时想要对抗或跳脱，但自己又不接纳自己的情绪需求。很多时候情绪是用来保护我们的，它不需要被压抑，它需要被合理表达。长久压抑情绪的后果，就是会被情绪掌控，不能活出自己人生的自由，最终可能会导致心理问题。

🐦 心海指南

你一定不喜欢坏情绪吧。可是我们每个人几乎每天都会遇到坏情绪，比如沮丧、嫉妒、厌恶，等等。这很正常，就像天空有时晴朗，有时阴沉。

培养情绪智慧的方法

一、认识情绪

情绪是我们在主观上的一种心理感受。

这个定义带给我们一个思考：我们总认为最爱的人应该最懂我们，我们的一颦一笑都希望对方能理解和解读并给予我们想要的回应。而事实上，**情绪是人主观上的感受，你不呈现出来或者不主动表达和沟通，再亲密的关系也是无法共鸣的。**

人类情绪包括基本情绪和复合情绪。

基本情绪：喜、怒、哀、惧。

复合情绪：焦躁、抑郁、躁狂。

情绪没有好坏之分，它能来，也一定会走。四大基本情绪中的每一种对我们的机体都有功能，我们不能只是喜欢喜悦的情绪，而排斥愤怒、悲伤和恐惧。

喜悦的情绪是创造的能量。人在喜悦的情绪下富有灵感和创造力。

愤怒的情绪是保护的能量。愤怒会让人本能地捍卫自己的权益，所以允许自己愤怒（在不伤害别人的前提下）是对自己最大的情绪接纳，会让

自己建立起自我的边界，在需要保护自我的时候，能够有一定的弹性和空间让自己免受一些伤害。

悲伤的情绪是一种自发的、宣泄的能量。人是需要悲伤的，研究表明，一个不被允许哭的孩子，长大以后患抑郁症的概率会增加。无视自己的悲伤，会让悲伤以另一种形式"卡"在身体里面，影响我们的健康。很多人面对重要亲人的离世、悲伤到极致的时候，是没有任何情绪的。但是从那一刻起，那些悲伤就会"卡"在身体里，变成了他们难以言喻的哀伤，每次想起都有一种撕心裂肺的内在疼痛。

恐惧的情绪是一种保护生命的能量。试想一下，如果人没有了恐惧，会干出什么危险的事情？适度恐惧是可以保护自己的生命的。

二、情绪处理

心理学家费尔德提出了一种控制脾气的有效方法，称为"数颜色法"。每当你不满某个人或某件事，感到怒不可遏，想要大发雷霆时，可能的话，最好暂停手边的事，独自找个没人的地方，做下面的练习。

（如果你不可能立即离开这个令你生气的情境，例如正在被老师责罚、被父母教训或者与同学发生冲突，那么你也可以就在当场进行以下的练习。）

首先，环顾四周的景物，然后在心中自言自语：

这个桌子是白色的。

他/她的衣服是红色的。

墙上的钟是蓝色的。

这支钢笔是金色的。

……

一直数到第十二个颜色。

> 当你想要发怒时，学会"暂停"是非常重要的，这能避免做出冲动的决定。

大约花个二三十秒，去辨识自己周遭物体的颜色，这就是"数颜色法"。

你是否觉得这个方法有点荒谬？其实这里面大有学问。

这是一种**运用生理反应来控制心理情绪**的方法。一个人怒从心中来的时候，肾上腺素的分泌使得我们肌肉绷紧，血流速度加快，在生理上做好了"奋战"的准备。这时随着愤怒的情绪升高，我们的注意力转移至内心的感觉，理性思考的能力就减少了，甚至某些生理功能也暂时被削弱。例如：我们在气头上时，视觉往往不如平时敏锐，只觉得眼前白雾般一片迷茫（"气得冒烟"），忽视了眼前的景物。此时，我们心中被不满的情绪掌控，满脑子只想着："他怎么可以这样对我？"

通过"数颜色法"的运用，我们强迫自己恢复灵敏的视觉，因而再度激活了大脑理性的思考。当数完颜色时，其他理性的想法也跟着恢复，你会发现自己冷静了许多。

下回再生气时，先别开口，数个颜色吧！

亲子共读心理小课堂

每位家长都认为自己是最爱孩子的人，但是——

1. 你是否曾帮助孩子理解自己的情绪？

2. 当孩子发脾气时，你是否能帮助分析他们发脾气的原因？

请记住，你对待孩子情绪的态度，也会很大程度上影响孩子自身处理情绪的态度。

（周海　编写）

6 认识原生家庭，看见爱和传承

　　每一个人需要处理的第一份关系是与父母的关系，而和父母的关系是我们人际关系的基础原型。

　　我们生命的能量有一半是经由爸爸传承而来的，爸爸能够带给我们的力量往往是阳刚的力量。这些能量用于事业打拼、遇到挫折迎难而上、摔倒爬起来，如果我们和爸爸的联系不够充分，这股力量就产生了内耗。

　　妈妈带给我们的往往是韧性、包容、承载和爱的力量。与妈妈的关系好，情感连接紧密，和人的连接感就会更好一些。

　　这两股能量构成了我们的心理能量，也形成了我们每个人在原生家庭中的心理铁三角。

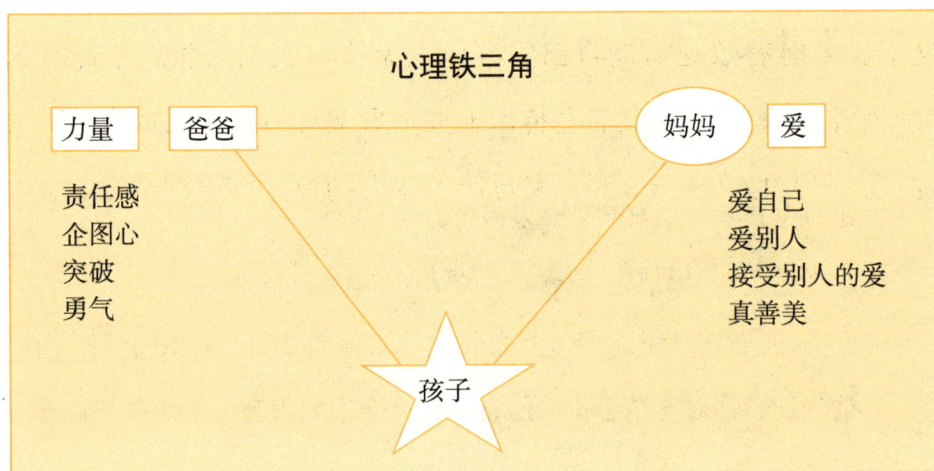

心理铁三角

力量	爸爸		妈妈	爱
责任感 企图心 突破 勇气		孩子		爱自己 爱别人 接受别人的爱 真善美

自我测试

　　理解原生家庭带给我们的人生脚本。人生脚本是童年时针对我们今后人生的计划，是经父母强化并从生活经验中得到证明的生活模式。用几个词语来回答以下问题：

　　1. 小时候，爸爸是这样对待我的（写出6~8个直觉性词语）：

_____

　　2. 小时候，妈妈是这样对待我的（写出6~8个直觉性词语）：

_____

人生脚本思考

用父母对待自己的词语形容以下问题：

1. 现在，我也是这样对待我自己的。

2. 现在，我也是这样对待我身边人的（同学、朋友、家人等）。

练习分析

　　这个练习能有效地帮助自己觉察原生家庭对我们人生剧本深刻的影响。我们会神奇地发现，我们会传承绝大多数父母对待自己的脚本。如果不通过自己后天的觉察和改写，父母给予我们的模式将深刻地影响我们的生活。

原生家庭重要性的个案

见到小刘（化名）特别不容易，因为在此之前我先见了他妈妈四次，通过对妈妈的影响才见到了小刘。当时小刘来是为了和我辩驳，这一次交流让我深深体会到了原生家庭对一个孩子的影响有多大。

第一次听到小刘的情况是2022年的寒假。在老家过完年准备返工的路上，我接到了一位家长的电话，家长情绪很焦虑，表达也不是很连贯。大致意思就是，孩子上了一个当地最好的高中，还没到一学期就断断续续不想上学，觉得读书没用，考大学也没意义。寒假在家，孩子把自己锁在屋里疯狂玩游戏，并且在网络上交了非常不好的朋友。孩子严重受影响，明确表示开学后不再上学，就要"摆烂"，还写了近万字的"摆烂"文字。妈妈强烈反对，孩子正闹着第二次离家出走（第一次是找了一晚上，寻求派出所帮助才找到的），妈妈堵着门给我打了电话。

这通电话让我掌握了小刘当下最基本的情况，当然这也是妈妈的一面之词。我隐约感觉到事情并非这么简单，因为从妈妈的表达里我读到了非常严重的焦虑和掌控。返工后，我终于见到了这位妈妈，了解了小刘的原生家庭。

小刘之所以充满负能量，大部分是源于妈妈几近扭曲的期待和控制，其次是源于重点高中的压力。那么小刘的妈妈到底经历了什么呢？下面我从小刘原生家庭里关于妈妈的几个重大事件和创伤说起——

1. 小刘妈妈在原生家庭中排行老二，上有姐姐，下有妹妹和弟弟，自己因为父母超生而被寄养在姥姥姥爷家，直到初中才回到父母身边。回到原生家庭以后小刘妈妈被忙碌的父母忽视，被弟弟妹妹排挤。

2. 小刘妈妈的爱情不被父母认同，家人认为小刘爸爸和妈妈在一起只是为了小刘妈妈原生家庭的地位和关系，所以一直不支持。小刘妈妈用几乎断绝关系的方式和小刘爸爸私奔到另一个城市生活，从此背井离乡。

3. 到了另一个城市后，小刘妈妈和公婆矛盾频发，从怀孕到坐月子频繁被小刘爸爸家暴。孩子上了幼儿园，小刘妈妈不堪重负，带着小刘逃回娘家所在的城市。小刘爸爸不愿离婚，小刘妈妈不敢联系原生家庭，又怕被小刘爸爸找到（小刘爸爸曾扬言要报复他们母子），于是躲到郊区租房子，上村里的小学。

4. 小刘爸爸曾在小刘初一时找到过小刘，并试图从学校里将小刘带走。小刘和爸爸扭打起来，头被爸爸打伤。从此小刘和爸爸彻底决裂，讲了很多狠话。妈妈再次给小刘转学、换住处，小刘整个小学和初中都是在害怕被爸爸找到的担惊受怕和不断转学、换房子中度过。

5. 小刘妈妈没有固定的工作和收入，一个人带着孩子东躲西藏，脾气变得相当古怪，她焦虑、易怒，对孩子的成绩要求非常高。母子之间因为学习的事情经常发生冲突，而每一次都是在小刘妈妈几近发疯的状态下以孩子道歉、妥协收尾。

6. 小刘妈妈曾经用自我伤害和死亡威胁孩子不要见爸爸，要去学校上学。这让小刘非常反感。小刘一开始觉得妈妈特别不容易，愧对妈妈，后来看到妈妈的所作所为非常恨妈妈。小刘想要逃离，这是一种极度的挣扎。

心的解析

了解了小刘原生家庭中有关妈妈的重大创伤，我们得知，小刘妈妈本身就生活在一个特别不幸的原生家庭：被寄养、父母重男轻女、受兄弟姐妹排挤等。她自己还没有得到足够的爱，又怎么有能力去爱孩子？小刘是一个特别善良和懂事的孩子，而恰恰是这一份懂事，被妈妈当成了习惯和应该。小刘从来没有为自己的需求生活过。小学和初中因为自己的懂事和妈妈的严管，成绩名列前茅，最终考进了重点高中。到了高中以后，小刘发现比自己成绩优秀的人还比自己幸福，学习也越来越吃力，内在又没有足够的爱和力量。面对自己的成绩下降，面对自己比起其他同学所匮乏的爱，小刘内在越来越无助、无力、无望，直到找到了一个放弃自我、"摆烂"的方式，小刘才发觉自己终于可以做自己的主，于是一发不可收拾。只是这一次自主偏偏让自己掉入了更大匮乏的旋涡。

心海指南

给所有高一新生对待原生家庭的建议：

首先，不管是否幸运地出生在一个不错的原生家庭，我们必须要接受父母给予我们生命的事实。处理和父母的关系，不是为了求得和父母和解的形式，而是让我们能够更好地爱身边的人和世界。

其次，每一个人都值得探索自己的原生家庭，把那些"卡"住的期待和情感进行转化，这样我们才能开启新的轻松自由的人生。面对、接受、放下、转身，只有我们开始面对了，才能真正去转身面向未来。

最后，所有原生家庭父母的关系，最终形成的是自我关系。如果你不接受父母给予你的人生脚本，那么你能做的就是运用自己的成长和学习，来改写自己的人生走向。

探索原生家庭，不是要我们的父母改变人生，而是让他们的孩子——也就是我们自己——活得更有力量！

亲子共读心理小课堂

许多家长常说这样一句话："我像你这么大的时候……"我们真的好好审视我们的童年记忆了吗？请家长来做做下面的小练习吧。

1. 你像孩子这么大的时候，你的梦想是 ＿＿＿＿＿＿。

2. 你像孩子这么大的时候，你的烦恼是 ＿＿＿＿＿＿。

3. 你的童年生活快乐吗？＿＿＿＿＿＿。

4. 你现在是怎样的成年人？和童年时想象的有什么不同？

＿＿＿＿＿＿。

这个练习，能帮助家长从孩子的视角看待自己的童年，有助于家长自身的成长。

（周海　编写）

7 不能纵容的霸凌

据调查，有三分之一的孩子曾遭遇过校园霸凌，而2023年的相关调查表明，校园霸凌中网络霸凌成了最常见的霸凌方式，其占比达60%。

校园霸凌比我们想象的还要普遍，而且在网络时代愈演愈烈，对青少年的身心伤害很大，这需要我们每一个人去深思、去面对。

自我测试

你认为以下哪些行为属于校园霸凌？ [多选题]

1. 全宿舍都孤立小林，不和他说话，也不和他一起玩。

2. 小黑把小白推到无人的角落，踢了小白一脚。

3. 小红不喜欢小兰，在小兰背后说她的坏话，散布谣言。

4. 小丽有点胖，其他同学老是叫她"胖子"。

5. 小李说话嗓音较细，班上同学管他叫"娘娘腔"。

6. 小龚和小吴发生了争执，于是小龚发了一条辱骂小吴的朋友圈来发泄愤怒情绪。

7. 小卓同学上课睡着了，同桌小陆掏出手机拍下小卓上课睡觉的视频，并在小卓不知情的情况下编辑成网络搞笑视频散布出去。

校园霸凌，又称校园欺凌或校园暴力，指个人在心理、身体和言语遭受恶意的攻击，且因为霸凌者与受害者之间的权力或体形等因素不对等，而不敢或无法有效反抗。霸凌者可以是个人，也可以是群体，他们通过对受害人身心的压迫，使受害人感到愤怒、痛苦、羞耻、尴尬、恐惧以及忧郁。校园霸凌不止发生在校园，也可能发生在校外，甚至在互联网上。

心灵剧场

"为什么偏偏是我？"——小辰的烦恼

小辰是高中生，她成绩中等，长相漂亮可爱，性格开朗、调皮，家境优渥。

最近小辰遇到了烦恼，朋友告诉她，好多同学在网上看到一篇文章，里面写的学校里的一个女孩，看起来像是小辰。小辰赶紧去看，不看则已，一看气得眼冒金星。

文章里的女孩，打扮、样貌和特点指向性很强，熟人很容易看出写的是谁。文章里说该女生"矫情，矫揉造作；炫富，惹人讨厌；用礼物拉拢同学；霸道不讲理，欺负人……"一堆莫须有的描述和抹黑。这篇文章已经发表了几个月，这个匿名作者还在写其他相关文章谩骂、讽刺小辰。

小辰想不通，伤害来得毫无缘由。可能是因为性格张扬，抑或是优越的家境？也许因为小辰可爱出众，所以遭到嫉妒，莫名其妙成了网络上被针对、孤立、欺凌的对象？

心的解析

　　校园霸凌分为显性霸凌行为和隐性霸凌行为两种。其中隐性的霸凌不是通过肢体或暴力，而是霸凌者在现实中或网络上，用谩骂、讥讽、孤立、恐吓、诽谤、损害对方财物等多种方式，对被霸凌者进行"长期的、持续的、隐秘的"精神伤害，从而严重侵害其身心健康。小辰遭遇的就是隐性校园霸凌。

　　那么，霸凌者从何而来？

1. 情感忽视。

　　情感忽视指的是在成长过程中，父母没有对孩子的情感需求给予足够的关注，由此导致孩子的情感需求得不到满足。这些孩子**从小就习惯压抑自己的情绪、情感**，随着烦恼逐渐增多，就可能用错误的方式宣泄情绪，比如欺凌他人。

2. 个性和认知因素。

　　容易与他人发生冲突的孩子大都具有极强的自我中心倾向，自私自利，他们甚至觉得"其他人被打是活该"。

　　如果孩子对地位、尊重产生了错误的认知，比如认为"只有打压、欺凌别人才能让别人尊重我"，那么就会助长孩子的暴力行为。

> 霸凌他人的人，内心往往胆小而自卑。

3. 原生家庭影响。

　　父母在家庭中是控制型、强势型的家长，那么孩子就会不经意间模仿，也习惯用暴力的方式来表达自己的情感。

如果父母经常打骂孩子，孩子就会模仿父母的攻击行为，要么成为霸凌者，要么成为被霸凌者（消极忍受）。还有放任型教养方式，父母对孩子无限宠溺，没有底线和原则，孩子会变得无法无天、冷漠残酷、唯我独尊。

4. 同伴关系因素：群体压力与同伴认同。

学生时代，同伴关系对个体行为有显著影响。受害学生因个性不合群而被同班同学孤立、造谣，甚至在网络上传播其私人信息，而有的学生为了融入群体、获得同伴认可，往往选择跟随霸凌行为。

5. 学校因素。

有的教师工作压力大，情绪烦躁，对成绩差和"不听话"的学生贬低、体罚，使学生产生恐惧、抗拒的心理。这也有可能导致暴力事件的发生。有些学校忽视必要的法律教育，有些人是法盲，错误的观念和行为没有被及时纠正，不知其行为的后果。

6. 社会文化因素。

随着网络的普及，青少年接触各种不良信息的机会增多。网络文化中的暴力、恶意、歧视等元素无形中塑造、强化了他们的行为模式。

总之，校园霸凌背后的原因复杂多样，涉及个人、家庭、学校和社会等多个层面。解决这一问题同样需要从多方入手，包括加强心理健康教育、改善家庭氛围、加强父母的自我修养、加强学校管理和法治教育、改善社会环境等。

面对校园霸凌，首先要保持冷静，不要恐慌，可以尝试以下策略：

1. 机智选择应对方式。

如果与对方能力相当，要明确冷静地告诉对方停止欺凌行为；如果对方人多，实力悬殊，要看准时机迅速离开；跑不掉时可以拖延时间再求助，生命安全第一。

2. 及时求助。

校园霸凌具有反复性、长期性的特点，不及时处理很有可能导致更持久、更严重的霸凌，因此，第一次被霸凌后一定要及时向老师、家长求助。

3. 不要责备自己。

被霸凌不是你的过错。不用责备自己，平时多交一些好朋友，可减少被霸凌的可能性。

4. 保持镇定。

不要与霸凌者发生冲突或争吵，而应尝试保持镇静，并避免让自己成为霸凌者的攻击目标。

5. 记录证据。

如果你遭受霸凌，尝试记录证据，可以记录霸凌者的言行，保存他们的信息和证据，并将其交给老师或家长。

亲子共读心理小课堂

校园霸凌危害极大，学生和家长需要有基本的意识和态度，因为无论是霸凌者和被霸凌者、旁观者，都会被伤害，无一幸免。

被霸凌者 除了显而易见的身体伤害，被欺凌的创伤会伴随一生：心理上，更容易焦虑、抑郁、低自尊，产生孤独感；性格上，易形成孤僻、自卑的性格，影响持续到成年；行为上，易产生违反道德和社会行为规范的问题行为，例如逃学、盗窃等。

霸凌者 家长千万不能纵容自己的孩子霸凌他人。**不及时干预和矫正暴力行为，他们长大后也许会违法犯罪，赔上自己的一生。**

挪威学者丹·奥维斯对瑞典儿童青少年的追踪研究显示，霸凌者成年后的犯罪率更高。大约60%的霸凌者在24岁前至少有过一次犯罪经历；35%～40%的霸凌者在24岁之前有过三次或三次以上的犯罪经历。

旁观者 旁观的孩子就一定安全吗？旁观者的不作为和起哄，会促成校园霸凌事件的恶化，助长其进一步蔓延，自己也会主动或被动参与进去，成为霸凌者，甚至转变为被霸凌者。**在一个存在校园霸凌的环境中，没有任何一个孩子能独善其身。**这是我们家长和孩子要有的基本意识。

我们的态度，就是坚决对校园霸凌说"不"。比如，上述事件中的小辰遭受了网络霸凌，要立刻搜集相关证据，告知家长和老师，必要时还可以报警。如果自己不能消化遭受霸凌所引发的不良情绪，要去求助亲朋好友或者专业心理咨询师。

（吴谦 编写）

8 网络是一把双刃剑

　　随着时代与科技的发展，网络已经成为我们生活中的一部分，几乎没有人能生活在与网络毫不相干的世界里。那么，网络给青少年带来了什么呢？

　　有人认为网络给我们带来了便利，将网络当作一个工具，足不出户就可知天下事，网络对于青少年的社交、娱乐、学习都有很大的帮助；但也有些人认为，网络容易让青少年成瘾。很多青少年沉迷于网络游戏，导致了学业荒废、与现实脱节等严重问题。

自我测试

我怎么知道自己有没有网络成瘾？

　　请你仔细阅读以下的每一个句子，然后根据你的实际情况，在句子后面填写相应的分数。对你来说，数字代表这个句子符合的程度。具体如下：1分=极不符合；2分=不符合；3分=符合；4分=极符合。请注意：回答没有对错之分，请给出最符合实际的选择。

　　1. 曾不止一次有人告诉我，我花了太多时间在网络上。

　　2. 我只要有一段时间没有上网，就会觉得心里不舒服。

　　3. 我发现自己上网的时间越来越长。

　　4. 网络断线或连接不上时，我觉得自己坐立不安。

　　5. 不管再累，上网时我总觉得很有精神。

　　6. 其实我每次都只想上网待一会儿，但常常一待就待很久不下来。

7. 虽然上网对我的日常人际关系造成负面影响，但我仍未减少上网。

8. 我曾不止一次因为上网而睡不到四小时。

9. 从上学期开始，我平均每周上网的时间比以前增加许多。

10. 我只要有一段时间没有上网就会情绪低落。

11. 我不能控制自己上网的冲动。

12. 我发现自己投注在网络上而减少了和身边朋友的互动。

13. 我曾因上网而腰酸背痛，或有其他身体不适。

14. 我每天早上醒来，第一件想到的事就是上网。

15. 上网对我的学业或工作已造成一些负面的影响。

16. 我只要有一段时间没有上网，就会觉得自己好像错过了什么。

17. 因为上网的关系，我和家人的互动减少了。

18. 因为上网的关系，我平常休闲活动的时间减少了。

19. 我每次要去做别的事不上网时，却又忍不住再次上网看看。

20. 没有网络，我的生活毫无乐趣可言。

21. 上网对我的身体健康造成负面的影响。

22. 我曾试过想花较少的时间在网络上，却无法做到。

23. 我习惯减少睡眠时间，以便能有更多时间上网。

24. 比起以前，我必须花更多的时间上网才能感到满足。

25. 我曾因为上网而没有按时吃饭。

26. 我会因为熬夜上网而导致白天精神不济。

各题目分数之和即为得分。我的得分：_____

低于52分，代表你现在的生活状态非常健康；

高于78分，可就要小心自己可能会有网络成瘾的风险了。

来访者小A是一名高一男生。初中接触到了手机游戏，在一个暑假的放纵游戏之后，已没有办法适应新的高一生活，一直请假在家打游戏。在不得已的情况下，他来到了咨询室。

以下是咨询师与小A的部分对话——

咨询师：刚刚你的父母说你这段时间一直在家里玩手机，是真的吗？

小A：是的，大概每天都要玩一会儿。

咨询师：这种状态是从什么时候开始的？

小A：从初中接触游戏开始，那个时候每天放学都要玩一会儿。

咨询师：如果每天都玩的话，那你日常的作业能按时完成吗？

小A：大部分作业在学校里就能写完，剩下一点回家也很快可以写完，剩下的时间都可以用来玩。

咨询师：在这种情况下，你还是能保证最基本的学习时长，并考上了高中，证明在那个时候你还是能平衡自己的学与玩，没有让它们影响到自己的正常生活，对吗？

小A：算是吧，其实中考的时候就没有考好，身边的人都觉得我不应该是这个水平，也因为这个事情，我和家长吵了一架。

咨询师：吵的这一架对你有什么影响吗？

小A：可能就是让我更讨厌他们了，觉得他们不理解我。

咨询师：那这种学与玩的平衡是什么时候被打破的呢？

小A：可能是暑假的时候吧。那段时间我自己一个人在家里，家里人也没空管我。我写完了作业就玩一会儿游戏，但是我爸妈觉得我**不该早上九**

点才起床，**不该**一直在家里玩手机。他们觉得我**该**做家务，**该**上辅导班。每次他们下班回到家，看见我玩游戏就对我各种不满意，后来他们再回家，我就不愿意在客厅了，就只在自己房间里待着。

咨询师：你把自己关在房间里玩游戏是一种什么感受呢？

小A：觉得有一小会儿没有人管，可以**暂时忘掉很多现实里的烦恼**，只需要专注于眼前的这一局游戏就够了，而且**我总能赢，还能带别人赢，就很开心**。

咨询师：你在游戏中经常能体验到被队友重视和胜利的快乐，这些事情都是你现实里不太能感受到的，对吗？

小A：对，就是**游戏给了我很多现实里没有的感受**。

咨询师：那你一整个暑假都在家里玩手机吗？有没有什么例外的时候？当时发生了什么？

小A：有两个周末，爸妈不上班，带我去玩了，一次去了动物园，一次去了游乐场。那两次我就一天都没有玩手机，也没有想过玩游戏的事情。

……

心的解析

经过几次的心理咨询，小A的父母也接纳了小A当前的状态，关系有所缓和，也逐渐增加了很多亲子交流。小A渐渐发现，现实生活也可以比游戏更加有趣。从最开始没法去学校，到一周去两天，再到基本适应，小A逐渐回归了学校生活。

网络成瘾的原因一般分为外因和内因。外因即社会环境和家庭教育：社会环境包括网吧的出现、网络游戏的流行，等等；家庭教育包括家庭环

境和教育方式，家长忙于工作、没时间管理孩子导致他们对网络产生依赖等。但是，这些外因只是形成网瘾的诱因，真正的原因是内因，如满足感缺失等。大部分网络成瘾者会遭遇学业失败，从而导致心理空虚，缺乏自信。**为满足自己的内心，在虚拟的网络世界中重新找到失去的自我和可以满足的成就感，这就是典型的满足感缺失。**小A也是因为考试失利，转而向虚拟的网络环境中去寻找自我满足感和成就感，此消彼长，逐渐产生了厌学的情绪。

心海指南

那么，该怎么帮助这样的学生慢慢回归学校呢？

1. 认知疗法。家长和小A要像朋友一样协商，不要说教，双方互相尊重，首先明确网瘾的不良影响，比如荒废学业、损伤身心健康等，使小A内心对于成瘾行为有较为本质的认识，慢慢戒除。

有些家长明白不要说教，但在具体事情上又分不清说教与非说教的界限。让我们看一些例子吧：

（1）当孩子缺乏动力，裹足不前的时候——

说教	不说教
你在磨蹭什么呢？快去呀！快点快点！	我注意到你好像不是很想做这件事情，可以和妈妈/爸爸说一说为什么吗？是遇到了什么困难吗？

（2）发现孩子偷懒的时候——

说教	不说教
你又偷懒了！我就知道，一会儿不盯着你就偷懒！	你看起来好像累了，可以适当休息一下，你想什么时候再开始？

2. **系统脱敏法**。家庭成员与小A协商制订计划，在一定时期内逐步减少上网时间，最终达到偶尔上网或不上网。

3. **代替法**。小A在现实生活中需要充实的精神生活和娱乐，可以一起寻找其他的爱好替代网络，比如游泳、打球、登山、旅游等。

希望大家都能够合理使用网络，运用这个工具来促进我们的学习，提升我们的生活。

亲子共读心理小课堂

今天，人们在电子设备上花费了越来越多的时间，不只是孩子，家长也同样。电子设备在某种程度上造成了亲子关系中亲密感的缺失。你是否觉得孩子有时候对日常生活缺乏好奇，有时甚至表现出冷漠？在你想要培养孩子对生活的热情时，请记住，以身作则。

试着回答下面的问题：

上一次你关注到周围人的需求是什么时候？＿＿＿＿＿＿＿

上一次你们的家庭会议是什么时候？＿＿＿＿＿＿＿

（郭斌　编写）

敢质疑，会质疑，
做高自我价值感的自己

中国式教育的终极目标是什么？是培养一个听话的孩子吗？为此，很多父母很痛苦，因为他们的孩子不听他们的话；而很多"听话"的孩子也很难受，因为他们好像从来没有真正做过自己。

心灵剧场

下面是一则新闻：

一名一年级小男孩完完整整地上了一堂高二化学课，不仅听课一丝不苟，笔记也做得极其专注。原来男孩上网课选错了台，误打误撞上了化学课。

爷爷奶奶发现不对劲，让孩子换台。

可是孩子坚决不换，强调："这是妈妈出门前给我设置好的，肯定错不了。"还气爷爷奶奶打扰了他。

这引来网友纷纷点赞："真是个好孩子，听妈妈的话。""这孩子将来肯定是个学霸。"

然而，我却很担忧。

孩子听不懂为什么不说呢？不敢质疑的"伪学习"真的值得称赞吗？我们都希望孩子成年后知道如何思考，不希望孩子像个机器人一样，只能接受已有的内容，没有独立思考的能力，但现实是很多孩子都缺乏敢于质疑和独立思考的能力。 这是因为家长对孩子的指挥和保护过多，而部分学校提倡死记硬背的应试教育。

心的解析

应试教育有个别称——"知更鸟妈妈"。

在自然界里，知更鸟妈妈辛勤地抓虫子，然后用自己的嘴嚼碎了，一口口地喂给知更鸟宝宝吃，结果宝宝养成了囫囵吞枣的坏习惯；在这种教育方式下长大的孩子，通常都会缺乏批判性思维，不敢去质疑教科书上的标准答案，缺乏独立思考的能力。

对孩子来说，童年没有成为他们学习独立思考的训练场，他们只是"做"了父母列在清单上的各种事情。

今天的社会已成为信息化社会。信息非常重要，但筛选信息、评价信息、处理信息也同样重要。这个过程需要批判性思维。

我们身边也有不少父母是"知更鸟妈妈"，想让孩子按我们规划好的方向发展，却没有让孩子思考，没有问问孩子：什么是你真正想要的？

心海指南

如何成为一个高自我价值感的人？

下面两个心理学练习，会帮助我们成为一个敢质疑、会质疑、高自我价值感的自己。

一、规条练习

1.在你的原生家庭里，父母给予了你哪些规条？哪些要求？

（要怎么样？不要怎么样？）

2. 你遵守了哪些？突破了哪些？遵守时的感觉是怎样的？突破时的感觉是怎样的？

3. 在现在的生活中，有没有将这些规条投射给其他人？

（同学、朋友、老师）

4. 在原生家庭中，谁自由地表达情绪？谁是压抑的？

（愤怒、伤心、幸福、开心）

5. 你从小常有的负面情绪是什么？你在哪方面有特别的情感过敏？

（争吵、否定、控制、失去）

6. 你从小最需要的而没有得到满足的心理需求是什么？

（安全感、认可、自由、快乐、爱、健康……）

7. 你的"内在誓言"或你的一个强烈深刻的人生体验和经验感受是什么？

（受伤、溺水、分离、成功、得到、贫穷、蔑视）

认真思考回答完以上问题，你可能会陷入复杂的心情，洞见自我价值低的根源有可能是在父母的规条里迷失了自我的能量，要想改变这个现状，我们可以试着**将所有来自于父母或者他人的"你必须/你应该怎么样"，转换成"我可以/我选择怎么样"**。

举例：

父母的声音：你必须努力成为优秀的人，你不能玩手机，你不能讲脏话；

突破规条：我可以玩手机，但我选择不玩；我可以讲脏话，但我选择不讲。

"我可以"，是一种自我的能量肯定和自主感的训练，而**"我选择"**则融合了良知和公序良俗。这样的规条突破训练，会让自己越来越找到自己，增强自我价值感。

二、资格感练习

由于在原生家庭受到不同规条的训练，很多人会在长大以后出现不同程度的对待人事物无资格感的现象。这是什么意思呢？就是觉得自己不配得，即便拥有了也感觉不长久，没有安全感。

例如，有的女孩小时候喜欢打扮，爱穿漂亮的裙子，如果遇到一个传统的妈妈从小教育女孩不能穿得过于招摇，不允许穿裙子，久而久之，"不能穿得很漂亮，尤其是不能穿裙子"就变成了小女孩的人生规条，而"无资格（不配）成为穿裙子的漂亮自信的女孩"就成了这个女孩的内在信念。这信念一直束缚着自己，即便有时想要突破，也是自我矛盾和对抗，难以获得轻松自由的人生。

资格感练习，就是突破自我限制性信念。

引导词：

我有资格……

我有能力……

我爸爸容许我……

我妈妈容许我……

按照上面的句式进行练习，而练习的词语可以从之前规条练习的体验中去寻找。比如，上述小女孩练习的词语可以是穿裙子、做自己、爱漂亮、做美丽的女性等。自我的规条限制不同，所选择的词语也不同。

总结

从小学到高中，我们所有的学习训练都是为了成绩好，然而成绩好并不意味着高自我价值感。有一部分同学中小学阶段成绩不错，但是到了高

中或者大学，突然就失去了奋斗的目标和意义，找不到人生的价值。这恰恰因为成长经历中人们对自我价值感的评价标准过于单一，把学习当成了唯一且仅有的评价标准。

希望本章给我们当下的高中生一个全新的思考。我们终究是要成为一个独立、真正活出自我的人。在高中紧张的学习之余，我们还应拓宽自己的价值评价标准，增强自爱的能力，而这是可以重点训练的。成长快乐！

亲子共读心理小课堂

父母总让孩子"听话"，是希望以自身的经验引导孩子，让孩子避免失败。可是，人怎么可能永远不经历失败呢？孩子犯错了，失败了，得自己有能力从失败中振作起来，而家长要做的，不是把孩子用玻璃罩罩起来免遭失败，而是帮助孩子培养战胜逆境的能力。

（周 海 编写）

人生的指南针——理想 10

什么是理想？

理想看上去是一个平常不过的词，但正是因为它使用广泛，要想解释这个词就会有一种很奇特的感觉——似乎没有办法用更简洁的词语来解释。

但是，既然要谈它，就要先知道它是什么。

理想，是一个人对未来有可能实现的奋斗目标的向往和追求，是人们在实践过程中形成的、有实现可能的、对未来社会和自身发展的向往与追求，是人们的世界观、人生观和价值观在奋斗目标上的集中体现。

理想按其内容可分为社会理想、道德理想、职业理想和生活理想。社会理想是最根本的，起着决定性的作用，它既贯穿于其他理想之中，也是一个人全部理想的基础和归宿。

你的理想是什么？

🌿 心灵剧场

小西，你到底想要什么？

小西是一名品学兼优的高一学生，无论老师还是同学都对他有很高的评价。最近，小西因为成绩下降和学业压力找到咨询师，希望能通过心理咨询来找到自己困惑的根本原因。以下是小西和小西的父母与咨询师的对话片段——

咨询师：听说你从小到大学习成绩都非常好。

小西：是的，从小学到上次考试，我基本上都是班级第一，就是这一次成绩不太理想。

咨询师：这一次考了多少名？

小西：班级第三，年级的前三十名。

咨询师：你们班和年级都各自有多少人？

小西：班里六十多个人，年级大概有两千人。

咨询师：这也是一个非常优秀的成绩了，你自己觉得你的成绩怎么样？

小西：我觉得自己这段时间有些懈怠，我第一名的时候能高我们班第二好几十分，现在反而还不如他了。

咨询师：我可不可以理解为你对你的成绩非常不满意？

小西点了点头。

咨询师（问向父亲）：你对孩子当前的成绩满意吗？

小西爸爸：不是很满意，我很早之前就和他说了，咱们不和别人比，就和自己比。可是他这几次考试的成绩无论分数还是排名，都是越来越低的。我给他画过一个这几次考试的折线图，分数就是越来越低的。

咨询师：你觉得是什么导致孩子成绩变差的？

小西爸爸（思考了一会儿）：一方面可能是高一的课程他不适应，另一方面可能是他之前上了一个奥数班，那里的氛围对他的信心有些打击，还有就是孩子自己在学习上可能有些偷懒松懈，心思都放到手机游戏上了……（此处省略小西爸爸的很多指责）

咨询师注意到小西有不安的情绪，就把小西的父母请了出去，与小西单独谈话。

咨询师：你父亲在家里也会经常这么说你吗？

小西：在家里说得更过分。

咨询师：你觉得父母给了你太多压力了吗？

小西：压力会有一些，但我知道他们希望我更有出息。

咨询师：压力的另一面是照顾，你能感觉到他们对你的爱，所以哪怕你觉得有些不舒服，但是你也能体谅他们，对吗？

小西：嗯，从小到大，我的作业都是我爸来辅导的，后来虽然上了补习班，但是他依然下了班就来辅导我写作业，自己几乎没有休息的时间。

咨询师：这种事情可不常见，大部分家长顶多辅导作业到初中，不是所有家长都能重新掌握高中的知识点的。

小西：我爸以前当过老师，他会提前学我的知识，也能辅导我做一些作业。英语还好，现在的数学对他来说已经很吃力了。

咨询师：所以，你爸爸确实为了你能成为更好的人做出了很多努力和牺牲。我想问你一个问题，你有理想吗？

小西（沉默了几分钟）：我没有想过这个事情。

咨询师：那我换一个问题，你想过或者说期待过十年后的你是什么样子的吗？

见小西露出疑惑的眼神，咨询师继续补充：比如，十年之后，你从事一份什么样的工作？和谁住在一起？那时的你会有什么兴趣爱好？会不会养一只宠物？你每天几点起床，几点睡觉？诸如此类的想法，排除一切的现实因素，仅看自己的想法，你想过十年后的自己是什么样子吗？

小西依然沉默。

咨询师：那我再换一个问题吧，现在学习好对你来说意味着什么？

小西：意味着我之后能分到一个好的班级。

咨询师：分到一个好的班级对你来说意味着什么呢?

小西：可能会有一个好的老师吧，我现在的老师教学水平就不太高。

咨询师：有一个好的老师，对你来说意味着什么呢?

小西：意味着高考的成绩会再高一些。

咨询师：高考的成绩高对你来说意味着什么?

小西：意味着可以考一个好点的大学。

咨询师：考一个好大学对你来说意味着什么?

小西：毕业了能找一个工资高点的工作。

咨询师：有一个高工资的工作，对于你来说意味着什么?

小西：意味着能挣很多钱。

咨询师：能挣很多钱对你来说意味着什么呢?

小西（思考了一会儿）：我也不知道挣很多钱对于我来说意味着什么。

咨询师：是不是因为你父母没有告诉过你，挣了钱之后该做什么?

小西：是的，我觉得找份好工作就是我人生的终点了，所以我没有想过我的理想和十年后的事情。

咨询师：但是你找了工作之后，还有几十年的时间需要你来经营。你前十几年为了父母而活，为了父母而学习，但是你的父母不会陪你一辈子，你总要为了自己的人生而思考和打算。

小西：对，我应该想一下自己的理想到底是什么。不能一味地只是为了完成我爸妈的任务。

咨询师：没关系，你可以给自己留点时间想一想自己到底想要什么，希望下次再见的时候你能够告诉我你的理想是什么。

心海指南

小西的前十几年一直是为了完成父母的任务才去学习的，也一直把考大学、找工作当成人生的终极目标。这样学得很累，活得也很累，所以小西才会在游戏里面逃避现实，但是没有人生来是为了别人而活的，大学也不该是一个终点，而该是一个阶段，是人生中一个华丽的篇章。如果能够找到自己的方向，知道该去往何方，生命就会充满了动力。经过几次心理咨询之后，找到了自己人生目标的小西的学习状态好转了很多，学习成绩也在稳步上升，他希望自己能成为一名优秀的法律从业者，也选好了心仪的学校和专业，并继续为此努力着。

读完本章，你能否向身边的人介绍一下"十年后的我"？不考虑现实因素，十年后的自己会是什么样子？把这十年划分为若干个小阶段，如果十年后的我是这样的，那九年、八年、七年后的我分别应该是什么样子？

三年、两年、一年后的我，又该是什么样子的？

现在呢？现在的你，又想做些什么呢？

亲子共读心理小课堂

孩子要常常问自己：你是谁？你想成为谁？

要想树立起真正的理想，家长必须帮助孩子了解真实的自我，找到真正的热爱。同时，不把自己的需求、愿望和规划强加给他们，要帮助他们成长为真正的自己。

（郭斌　编写）

11 成长路上的参照系

在成长的道路上，偶像的作用总是不可替代的。偶像对中学生的影响是复杂且深远的，他们不仅丰富了我们的娱乐生活，还对我们价值观、性格的塑造起到了不可替代的作用，更是中学生成长过程中的重要参照系。

"偶像"一词存在已久。不管是过去还是现在，都有非常多优秀的人被大家视为榜样。哪怕是在若干年后的未来，相信也会有无数的人作为无数盏明灯给人们以指引，照亮前进的路。

在讨论大家的偶像之前，我们先来了解一下二十年前，也就是我们父母年轻时的偶像都是哪些人。

二十年前，中国年轻人的偶像包括了多种类型，从英雄人物、科学家、艺术家到文体明星等。

科学家和知识分子：如钱学森、陈景润等，他们在科学和学术领域作出了重大贡献，成为年轻人的榜样。

英雄人物：例如董存瑞、雷锋等，他们在历史上以英雄或榜样形象出现，成为年轻人崇拜的对象。

体育明星：例如姚明、张怡宁等，他们是体育领域的佼佼者，是篮球、乒乓球等项目的冠军，也是年轻人的偶像。

电影和电视明星：在影视领域有突出表现的演员和导演，他们的作品深受年轻人的喜爱。

文化和艺术领域：如"四大天王"和周杰伦等，他们在音乐和文化领域有广泛的影响力。

我们可以发现，这些偶像不仅在专业领域取得了成就，也代表了当时社会的价值观念和年轻人的精神追求。随着时代的变迁，偶像的类型和内涵也在不断发展和变化。

到了现在，中学生的偶像类型就变得更加多样了，包括但不限于以下几种：

传统偶像	一些年轻人崇拜的是传统的偶像，如流行歌手、演员、体育明星等，他们通过电视、电影、音乐和体育赛事等渠道获得知名度和影响力。
地下偶像	地下偶像指的是那些在媒体上没有宣传，主要在剧场等进行现场（live）活动的偶像。他们可能没有主流偶像那样的知名度，但依然拥有忠实的粉丝群体。
虚拟偶像	随着科技的发展，虚拟偶像也成为中学生的新宠。他们通常以数字化的形象出现，融合了尖端科技，给中学生带来全新的娱乐体验。
社会贡献者	新时代的青少年可能更倾向于崇拜那些坚定理想信念、不断自我突破并为社会作出贡献的人。
网络红人	随着社交媒体的兴起，一些网络红人也成为中学生的偶像，他们通过分享生活、展示才艺等方式吸引粉丝。
特定领域的专家学者	在特定领域有杰出贡献的专家或学者，如科学家、艺术家、作家等，也可能成为中学生的偶像。

中学生的偶像观是多元化的，他们崇拜的偶像类型反映了他们的价值观、兴趣和追求。

偶像对中学生来说，意味着多方面的影响和意义。

榜样作用	偶像往往是中学生模仿和学习的对象，他们的言行举止、成功经历和生活态度可以激励中学生追求自己的目标和理想。
精神寄托	在面对生活压力和挑战时，偶像可以成为中学生的精神支柱，给予他们力量和勇气。
文化认同	偶像常常代表着一种文化或价值观，中学生通过崇拜偶像来表达自己的身份认同和文化归属感。
社交媒介	偶像可以成为中学生社交的媒介，围绕偶像的话题可以促进同龄人之间的交流和互动。
审美追求	偶像的外貌、穿着打扮和艺术表现往往符合当下的审美趋势，中学生通过模仿偶像来追求自己的审美理想。
情感共鸣	偶像的故事和经历可能与中学生的生活经历产生共鸣，帮助他们找到情感上的慰藉和支持。
价值观塑造	偶像的言行和选择可以影响中学生的价值观和世界观，促使他们形成自己的道德标准和生活哲学。
自我实现	对于一些有志于进入相同领域的中学生来说，偶像的成功故事可以成为他们自我实现的动力和灵感来源。
娱乐消遣	在快节奏的生活中，偶像的表演和作品为中学生提供了放松和娱乐的方式。
社会参与	偶像有时会参与社会公益活动，通过他们的影响力带动中学生参与社会事务，培养社会责任感。

很多人的成功往往受到多种因素的影响，其中偶像的影响是一个不容忽视的力量。

例如：

宁波城市职业技术学院的杨同学，受到她所崇拜的乐队敢于尝试和坚持不懈的精神影响，开始积极参加大学活动，挑战自我，从而获得了成长和提升。

嘉兴辅成小学的沈同学以"亚洲飞人"苏炳添为榜样，学习他的严格自律和坚持训练的精神，这使得沈同学在田径训练中也学会了坚持，取得了进步。

海宁技师学院的俞浩彬在全国青年职业技能大赛中获得金牌，他的成功受到了教师陈晓春的影响，后者不仅在技术上指导他，更在精神上给予他鼓励。

浙江药科职业大学的凌同学，受到南丁格尔奖获得者叶欣的故事的启发，选择了护理专业，并以叶欣的精神为榜样，致力于护理工作。

心海指南

身为中学生的我们，该怎么样正确面对榜样和偶像呢？下面给大家一些小建议——

欣赏偶像的才华和努力，但不要盲目崇拜，保持自己的独立思考。

要从偶像身上学习积极的品质和行为，如他们的职业精神、坚持和努力；

可以参与偶像的官方活动和支持他们的作品，但不要过度投入，影响自己的生活和学习；

尊重偶像的隐私和个人生活，不要过度干涉或侵犯；

选择那些能够给自己带来正面影响的偶像，避免追随那些有负面影响的人；

在追星的同时，也要注重与家人、朋友的关系，保持社交生活的平衡；

合理消费，不要因为买周边一类的东西而造成经济负担，学会理财；

将追星作为个人成长的一部分，而不是生活的全部，注重自我提升和

发展；

如果可能，参与偶像倡导的公益活动，通过实际行动支持偶像的正面社会影响；

学会管理自己的情绪，不要因为追星而产生过激行为或情绪波动；

欣赏不同文化背景下的偶像，拓宽视野，增进对不同文化的理解和尊重。

通过这些方式，身为中学生的我们可以更加健康、积极地喜欢自己的偶像，同时也能够在追星的过程中促进自己的全面发展。

亲子共读心理小课堂

偶像、时尚常常有一种"循环"。有时候，父母早年的偶像突然有一天重新获得关注，成了孩子的偶像。你和孩子有共同的偶像吗？你们可以聊聊这个话题，有以下几个维度可供参考：

1. 在他/她那个时代的知名度；

2. 他/她在那个时代的成就与贡献；

3. 他/她在自己领域的地位；

4. 他/她对你的积极的影响；

5. 他/她是否在多个领域都有所建树；

6. 他/她对后世或者可能对后世的影响。

（郭　斌　编写）

压力哪里来？

12

现在高中生简直比上班族还要辛苦。不少高中生早上五六点就起床，晚上12点才睡觉。面对繁重的学习任务和深切的家庭期望，高中生们似乎越来越累了……

自我测试

来测测你的压力程度吧！

1. 总觉得时间紧张，所以分秒必争。例如，过马路时闯红灯，走路和说话节奏很快。（5分）

2. 昨天想好的某件事今天怎么也记不起来了，而且经常出现这种情况。（10分）

3. 感到情绪有些抑郁，莫名情绪低沉，常静坐发呆。（3分）

4. 三餐进食甚少或进食不规律，即使口味非常适合自己的菜也经常吃得很少。（5分）

5. 不像以前那样喜欢参加同学、朋友的聚会，对各种娱乐活动没有兴趣，有勉强应付的感觉。（2分）

6. 对城市的污染以及噪声很敏感，比常人更渴望清净且容易发火。（5分）

7. 不愿走进教室，觉得学习令人厌倦。（5分）

8. 担心学习不好，过于在意别人对自己表现的评价。（10分）

9. 不想面对同学和老师，有一种自我封闭的倾向。（5分）

10. 每天学习时间不长就感到身心倦怠，胸闷气短。（10分）

11. 学习状态始终无法高涨，容易发脾气，但又没有精力发作。（5分）

12. 盼望早早地逃离学校，为的是能够回家躺在床上休息片刻。（5分）

13. 晚上经常失眠，即使睡着也老是处在做梦的状态中，睡眠质量很糟糕。（10分）

14. 食欲低迷，体重有明显下降趋势。（5分）

15. 空闲时放松一下也会觉得内疚。（5分）

16. 有头痛/胃痛/背痛的毛病，难以治愈。（5分）

17. 上床后觉得思潮起伏，牵挂很多事情，难以入睡。（5分）

我的得分：_____

得分解读

低于30分　很棒哦，平时心态良好，抗压能力强，善于自我调整。

30~50分　心理健康状况已敲响警钟。虽然压力程度不是很高，但可能显示生活、学习缺乏动力，个人做事的动力不高。有必要采取应对压力的策略和方法，如锻炼身体、改变认知、改善人际关系、调整情绪等。

51~80分　表明心理压力程度中等。不仅需要制订应对压力的策略和方法，还需要寻求心理学专业人员帮助，找到更深刻的原因，在人格方面有所提升和完善。

高于80分　表明可能处于一种抑郁或焦虑情绪障碍的状态下。请一定咨询精神科医生，获得必要的帮助。

心灵剧场

咨询室里的萱萱

萱萱上高中后，感觉状态一天比一天差，她怀疑自己"病"了。

睡眠很差、吃饭没胃口，平时格外在意形象的她，现在有时蓬头垢面。她早上也起不来，父母一遍遍叫。她时常请假休息，可是休息也缓不过来。

这天，妈妈帮她约了心理咨询师，下面是萱萱和心理咨询师初次见面对话的片段——

咨询师：今天是你想来还是妈妈想过来？

萱萱：都想，我早就想来了。妈妈开始说让我休息一下就好了，现在看我经常请假，她也急了，也睡不着觉了，焦虑了。我俩都需要咨询。

咨询师：你现在主要的困扰是……？

萱萱：睡眠。我每天脑子乱哄哄的，困，可是就睡不着；上课时，有时头疼，有时胸口闷，有时心脏发紧喘不上气……去医院查过了，没有器质性病变。

咨询师：嗯，身体状态有问题了。你知道身体状态和情绪状态是密切相关的，那你觉得自己情绪状态是怎样的？

萱萱：我明白，自己是心态出问题了。我以前一直是班级前三，现在这个学校高手如云，我怎么努力都不行。全家对我期望很高，我一直是家族的骄傲和希望。我现在一到考试就砸锅，脑子会"宕机"，一片空白！长此以往，我肯定考不上大学。我越来越焦虑，整个人不在状态，想调整却无从下手……

> 有的同学每到考试就会拉肚子，这也是压力大的一种表现。

萱萱目前心理压力过大，已经出现抑郁、焦虑情绪和躯体症状。一个人压力过大时的表现有以下四点：

1. 焦虑及抑郁情绪。

每天课业繁重，经常大考小考不断。体验到这样似乎没有尽头的疲惫感，加上缺乏睡眠和两点一线的枯燥生活，会产生一种长期的焦虑、抑郁、无助的状态。

2. 攻击性行为。

长期身心疲惫的状态下，人的情绪会崩溃。在日常生活中易激怒、攻击性较强，有发泄情绪的欲望，会将情绪发泄在一些看似不相关的事件和他人上。还有部分人会选择自伤自残等。

3. 倦怠情绪。

长期处于压力状态下，会对学习表现出敷衍、厌烦，对外界缺乏好奇心，学习效率低。此外，还可能沉浸于自己的世界里，通过选择游戏等方式逃离现实生活。

4. 躯体症状。

长期的学业压力、情绪紧张、缺乏睡眠，使神经系统、内分泌系统和免疫系统受到影响，容易出现入睡难、睡眠浅、早醒、肌肉酸痛、颈椎发沉、背部僵硬、偏头疼、胃溃疡、腹泻、便秘及消化功能紊乱、记忆力及食欲减退等各种症状。

高中生的心理压力主要源于以下四方面：

1. 学业压力。

高中生需要面对高考，应对大量的知识点，完成繁重的作业、考试、评估，面临竞争激烈的学习环境，学业压力很大。

2. 家庭压力。

一些家庭严格要求或过分关注成绩，增加了孩子的焦虑感和紧张感。（萱萱的父母学历不高，引以为憾，认为学习好是人生唯一出路，因此格外重视她的成绩。）

3. 社交压力。

高中阶段，面临友情、人际交往等问题，人际关系的压力会对他们的心理健康产生负面影响。

4. 自我要求。

某些高中生由于自身性格和原生家庭的因素，对自己有过高的期望，他们要求自己在学业、兴趣爱好等各个方面都达到完美。

心海指南

如何面对压力

家长篇

你是否知道孩子承受着压力？你是否总认为孩子"娇气"？事实上，压力是各种各样的，而且会<u>逐步累积</u>。如何帮助孩子在面对这些压力时坚毅、乐观，保持心理健康？家长可以这样做——

> 压力会累积，一件件小事加起来会成为巨大的压力。

1. 倾听和理解。

多交流，了解孩子的内心世界和压力来源，倾听孩子内心的声音，尽量理解他们的感受。**耐心倾听就能帮孩子减压，不要轻易评论。**

2. 给予支持和鼓励。

在孩子遇到困难时给予他们必要的支持和鼓励。同时，也要注意不过分控制和关心，逐步让他们学会自己面对。

3. 鼓励孩子有兴趣爱好、朋友。

鼓励孩子有自己的兴趣爱好和朋友。这样可以让孩子发现自己的特点和价值，增强自信心和抗压能力。

学生篇

1. 进行积极的自我暗示。

心理学研究表明，语言的暗示作用可极大地激发人的潜能。"望梅止渴""画饼充饥"等成语，都是通过语言暗示来改变人们的心境。当自己心情烦躁的时候，可以给自己说一些积极的话，或者把这些积极的话写下来。

2. 找人倾诉烦恼。

有了困惑、痛苦等感受，可以找亲朋好友或同学倾诉，听听别人的见解，通过交流能有效地缓解心理压力。

3. 运动娱乐消解压力。

多参加娱乐活动，转移注意力，使自己有愉快的心情，压力就会逐渐消解。运动可以刺激内啡肽的分泌，使人的身心处于轻松愉悦的状态中，内啡肽因此也被称为"快乐激素"或者"年轻激素"。

4. 不过分苛求，悦纳自己。

每个人都有自己的长处和短处，不要求自己十全十美，不去比较。

5. 专心致志做事。

一个人同时面对多件事情时，容易形成巨大的压力。要学会有计划、有步骤地安排自己的生活、学习，一个时间段尽量集中精力做一件事。

6. 改变自己的不合理信念。

美国心理学家阿尔伯特·埃利斯提出了情绪ABC理论。他认为引发情绪和行为后果的原因不是事件本身，而是人们对事物的认识和看法。我们可以通过改变对压力事件的看法，来改变压力所引起的反应。

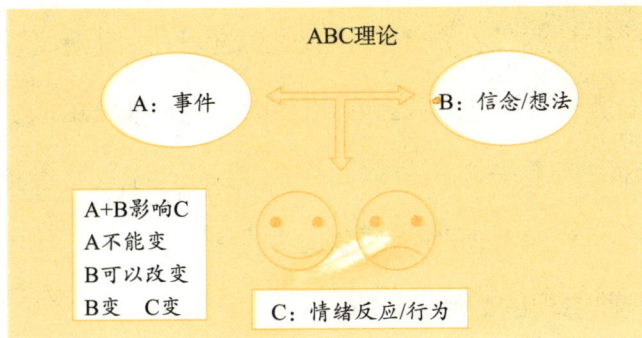

ABC理论

A：事件

B：信念/想法

A+B影响C
A不能变
B可以改变
B变　C变

C：情绪反应/行为

7. 寻求专业帮助。

对于严重的心理问题和压力，自己无法解决和消解，应该及时寻求专业心理咨询师或心理医生的帮助。高中生压力确实很大，如果我们在此阶段用各种办法提升自己的抗压能力，学会调整自己的心态，将对自己的身心健康产生长远的益处。

亲子共读心理小课堂

　　成年人每天也承受着一定程度的压力。上有老，下有小，从早忙到晚，竭尽全力地保持着内心的平衡。别忘了，家长的身心健康对一个家庭也是非常重要的。在忙于工作之余，家长一定还要问一问自己：我的生活平衡吗？我有放松的时间吗？我的身心健康吗？

（吴谦　编写）

13 生命的意义

生命究竟有什么意义？从本质上来说，也许没有意义。所谓的意义都是自己赋予的，是自己的世界观、人生观、价值观决定的。每个人对这个世界的认知、活法都不一样，所以每个人的人生意义与价值也都是不相同的。你觉得快乐、幸福、值得，那就是最好的人生。心理学的研究发现，**幸福实际上是一种主观的感受。**

每个人都是独一无二的，拥有独特的个性、价值观和才华，然而在社会压力和父母期望下，很多人会迷失自己，过着别人想要的生活，而非自己真正想要的。这种迷失让人们感到疲惫和失落，不知道生命的意义，也无法找到内心的真正满足感。

自我测试

你活出自己了吗？①

本测试有50个形容词，有两列选项，请从头至尾看两遍。第一次看时，若遇到的形容词符合自己的个性或形象，请在"我就是这样"一栏中画"×"；第二次看时，如果遇到自己将来想具备的形象特质的形容词时，请在"我很想成为"一栏中画"○"。一定要记住，画"×"与画"○"要分开来做。

---

① 本测试引自搜狐网"三冬暖"主页。

评分标准

在你所标记的词语中，如果一个形容词只有一个记号，无论是"○"还是"×"，都计1分；如果有"○"和"×"两个记号，不计分；如果没有任何记号，也不计分。各题得分相加，统计总分。

形容词	我就是这样	我很想成为	形容词	我就是这样	我很想成为
有野心			受挫		
好辩			慷慨		
独断			诚实		
有魅力			引人注目		
好战			冲动		
粗鲁			独立		
谨慎			懒惰		
迷人			乐观		
聪明			能言善辩		
肯竞争			有耐性		
擅合作			实际		
有创造力			有原则		
好奇			轻松		
愤世嫉俗			机智		
胆大			自私		
果断			自信		
坚毅			敏感		
迂回			精明能干		
小心			顽固		
卖力			猜忌		
有效率			胆小		
精力充沛			强硬		
有趣			有诚信		
好嫉妒			温和		
宽广			顺从		

5分及以下 恭喜你，你目前的样子已经接近你的理想状态了，你非常自信，对自己目前各项能力也十分满意。无论面对什么样的情况，你都有个良好的心态，这不仅让自己充满正能量，也经常会感染到身边的人。

6～11分 目前，大多数情况下你对自己的状态还是较为满意的，不过有些时候你可能对自己要求比较严格，仍对自己有些不满，希望自己能朝着最理想的状态去做。

12～21分 你有些轻微地小瞧自己，遇到事情时，即使自己非常想试一下，但最后还是会放弃，觉得以自己的能力无法完成，所以，很多时候不是没有机会而是你自己把它放走了，所以你需要增强信心，降低真正自我和理想自我的矛盾。

22～33分 你常常轻视自己，习惯性地羡慕别人，对自己摇头叹气，对自己留给他人的印象不满意，对很多事情都缺乏信心。你必须投入足够多的时间与精力，专门去训练自己的自信心，加强自己的人格发展。

34分及以上 你对自己目前的状态非常不满意，常常陷入很深的自卑中，一旦遇见一点问题，就会有很强的挫败感，感觉自己什么都不行，消极的情绪也总是笼罩着你。建议你找个心理专家来帮助自己。

心灵剧场

我是谁？——小芊的迷茫

高中生小芊是"别人家的孩子"，她自小成绩优秀、乖巧懂事、多才多艺，而且特别听话。

她来自单亲家庭，父母在她5岁时离异。小时候，她害怕听到父母的争吵声，害怕看到妈妈的眼泪。她格外听话，认为这样就能让父母开心，少吵架。

父母分开后，妈妈带着她，妈妈的情绪是脆弱不稳定的，她时常看妈妈的脸色，小心翼翼，生怕妈妈生气难过。妈妈关注她的成绩，她就拼命努力，好在她是学习的料，各科成绩都好。妈妈希望她将来当医生，她就立志学医，等高考时填报医科大学的志愿……

上了高中，母女俩有了矛盾：一个是小芊周末喜欢穿短袖短裤，妈妈觉得女孩子就应该穿裙子；另一个是小芊喜欢动漫和角色扮演（cosplay）。妈妈觉得这没意义，浪费钱和时间，她主张小芊去好好画画、学习，不要去跟风玩这些奇奇怪怪的。

为了动漫展，小芊准备了很多，和朋友商议去参加，妈妈看到了，指责她不听话、不听劝，并表示要限制她的零花钱，不准她买那些动漫周边和服饰。小芊努力解释说明，想让妈妈支持和理解她的爱好，妈妈坚持认为这是另类的"玩物丧志"……小芊回到自己的房间，默默流泪——自己的爱好有错吗？是谁错了？

这里错的不是小芊，她有自己的兴趣爱好和穿衣风格，家长即使不理解，也应该尽量接纳和尊重。不然，长此以往，孩子的自我会泯灭，为了"听话"，为了妈妈而活，没有了自己。长大后步入社会，小芊也许会没有主见和思考，成为工作机器，人云亦云，甚至可能会自卑懦弱。

人的一生，短暂而珍贵。我们来到这个世界上，有着自己的烦恼和挑战，有着自己的梦想和追求。其实**生命的意义，便是活出你自己**。

心海指南

怎样活出自己?

1. 欣赏不完美的自己。

世界上没有完美无缺的人，每个人都有自己独特的优点和缺点，接受并欣赏自己的不完美，不仅能增强自尊心和自信心，也能让我们更好地发挥自己的潜力。

学会接纳欣赏不完美的自己，了解自己的兴趣、价值观和特点，找到让自己感到快乐和满足的事情，并朝着属于自己的目标前进。

2. 有梦想。

实现自己的梦想是成为真正的自己的另一条路径。每个人都有自己的梦想和追求，有自己的兴趣和热情。而实现这些梦想，不仅能让我们获得满足感和成就感，也能为社会创造价值。追求梦想的路途中，困难和挫折总是不可避免的，因为是自己的选择，才更容易坚持，也更有意义。

3. 学习与成长。

成为自己也意味需要不断学习和成长。掌握新的知识和技能，拓展自已的眼界和思维方式。随着知识的积累和成长的经历，我们能更好地理解自己和周围世界，发现更多的可能性和世界的多面性，也能更好地应对人生中的挑战和困难。

4. 不受他人影响，坚持自己。

成为自己意味着独立思考和行动，不被他人左右。在现实生活中，人们常常受到他人评价和期望的影响，然而我们需要自主地思考和决策，做出真正符合自己内心需求的选择。成为自己还需要对自己负责任，承担因自己选择而带来的后果，不去依赖他人了解和满足自己的需求。

亲子共读心理小课堂

1. 尊重孩子是家庭教育的起点。

奥地利心理学家阿尔弗雷德·阿德勒说："幸运的人一生都被童年治愈，不幸的人一生都在治愈童年。"

父母应该把孩子看作平等的人、有独立个性的人，有了对孩子的尊重，我们很多教育方式自然就会变化。

每个孩子都是独特的，不要用别人的孩子来作为自己孩子的成长参考，理智看待孩子的特质，给他们更多引导和鼓励；尊重孩子的梦想，千万不要把自己的梦想附加在孩子身上，给孩子选择的权利，让他们有机会成长为最好的自己。

2. 将主动权交给孩子。

中国式父母比较明显的特征就是热衷于帮孩子做决定、操心。父

母可以试试少做决定，让孩子自己说，让孩子自己做，不代替孩子，培养他们的责任感 。忍不住为孩子做事情是很多父母的通病，小到整理书包，大到人生规划，这无疑是剥夺了孩子的主动权。

　　倘若孩子丧失了自我思考的能力，累的不仅仅是家长，还让孩子的成长受限，自主性和自律性被破坏。

　　德国作家黑塞曾经说过"对每个人而言，真正的职责只有一个——找到自我。然后在心中坚守其一生，全心全意，永不停息。"

　　最好的教育是帮助孩子成为自己，帮助孩子不断成长，不断超越自己，更积极健康地活着，做到了这一点，家庭教育就是成功的。

（吴谦　编写）